OEUVRES

DE

BOILEAU DESPRÉAUX.

OEUVRES

DE

BOILEAU DESPRÉAUX,

A L'USAGE

DES LYCÉES ET DES ÉCOLES SECONDAIRES.

TOME SECOND.

PARIS,

CHEZ ... ÉDITEUR, rue Serpente, n° 14.

1814.

PRÉFACE

POUR LES TROIS DERNIÈRES ÉPITRES.

Je ne sais si les trois nouvelles épîtres que je donne ici au public auront beaucoup d'approbateurs; mais je sais bien que mes censeurs y trouveront abondamment de quoi exercer leur critique; car tout y est extrêmement hasardé. Dans le premier de ces trois ouvrages, sous prétexte de faire le procès à mes derniers vers, je fais moi-même mon éloge, et n'oublie rien de ce qui peut être dit à mon avantage; dans le second, je m'entretiens avec mon jardinier de choses très-basses et très-petites; et dans le troisième, je décide hautement du plus grand et du plus important point de la religion, je veux dire de l'amour de Dieu. J'ouvre donc un beau champ à ces censeurs pour attaquer en moi et le poète orgueilleux, et le villageois grossier, et le théologien téméraire. Quelque fortes pourtant que soient leurs attaques, je doute qu'elles ébranlent la ferme résolution que j'ai prise, il y a long-temps, de ne rien répondre, au moins sur le ton sérieux, à tout ce qu'ils écriront contre moi.

A quoi bon, en effet, perdre inutilement du papier? Si mes épîtres sont mauvaises, tout ce que je dirai ne les fera pas trouver bonnes; et si elles sont bonnes, tout ce qu'ils diront ne les fera pas trouver mauvaises. Le public n'est pas un juge qu'on puisse corriger, ni qui se règle par les passions d'autrui. Tout ce bruit, tous ces écrits qui se font ordinairement contre des ouvrages où l'on court, ne servent qu'à y faire encore plus courir et à en mieux marquer le mérite. Il est de l'essence d'un bon livre d'avoir des censeurs; et la plus grande disgrâce qui puisse arriver à un écrit qu'on met au jour,

ce n'est pas que beaucoup de gens en disent du mal,
c'est que personne n'en dise rien.

Je me garderai donc bien de trouver mauvais qu'on
attaque mes trois épîtres. Ce qu'il y a de certain, c'est
que je les ai fort travaillées, et principalement celle de
l'amour de Dieu, que j'ai retouchée plus d'une fois, et
où j'avoue que j'ai employé tout le peu que je puis avoir
d'esprit et de lumières. J'avais dessein d'abord de la
donner toute seule, les deux autres me paraissant trop
frivoles pour être présentées au grand jour de l'impression avec un ouvrage si sérieux ; mais des amis très-
sensés m'ont fait comprendre que ces deux épîtres,
quoique dans le style enjoué, étaient pourtant des épîtres
morales, où il n'était rien enseigné que de vertueux ;
qu'ainsi donc étant liées avec l'autre, bien loin de lui
nuire, elles pourraient même faire une diversité agréable ; et que d'ailleurs beaucoup d'honnêtes gens souhai-
tant de les avoir toutes trois ensemble, je ne pouvais
pas avec bienséance me dispenser de leur donner une
si légère satisfaction. Je me suis rendu à ce sentiment, et
on les trouvera rassemblées ici dans un même cahier.
Cependant comme il y a des gens de piété qui peut-être
ne se soucieront guère de lire les entretiens que je puis
avoir avec mon jardinier et avec mes vers, il est bon de
les avertir qu'il y a ordre de leur distribuer à part la
dernière, savoir celle qui traite de l'amour de Dieu, et
que non-seulement je ne trouverai pas étrange qu'ils ne
lisent que celle-là, mais que je me sens quelquefois moi-
même en des dispositions d'esprit où je voudrais de bon
cœur n'avoir de ma vie composé que ce seul ouvrage,
qui vraisemblablement sera la dernière pièce de poésie
qu'on aura de moi, mon génie pour les vers commen-
çant à s'épuiser, et mes emplois historiques ne me
laissant guère le temps de m'appliquer à chercher et à
ramasser des rimes.

Voilà ce que j'avais à dire aux lecteurs. Avant, néan-
moins, que de finir cette préface, il ne sera pas hors de
propos, ce me semble, de rassurer des personnes ti-

mides, qui n'ayant pas une fort grande idée de ma capacité en matière de théologie, douteront peut-être que tout ce que j'avance en mon épître soit fort infaillible, et appréhenderont qu'en voulant les conduire je ne les égare. Afin donc qu'elles marchent sûrement, je leur dirai, vanité à part, que j'ai lu plusieurs fois cette épître à un fort grand nombre de docteurs de Sorbonne, de pères de l'Oratoire, et de jésuites très-célèbres, qui tous y ont applaudi, et en ont trouvé la doctrine très-saine et très-pure : que beaucoup de prélats illustres à qui je l'ai récitée en ont jugé comme eux : que monseigneur l'évêque de Meaux*, c'est-à-dire, une des plus grandes lumières qui aient éclairé l'Eglise dans les derniers siècles, a eu long-temps mon ouvrage entre les mains, et qu'après l'avoir lu et relu plusieurs fois, il m'a non-seulement donné son approbation, mais a trouvé bon que je publiasse à tout le monde qu'il me la donnait : enfin, que pour mettre le comble à ma gloire, ce saint archevêque**, dans le diocèse duquel j'ai le bonheur de me trouver, ce grand prélat, dis-je, aussi éminent en doctrine et en vertus qu'en dignité et en naissance, que le plus grand roi de l'univers, par un choix visiblement inspiré du ciel, a donné à la ville capitale de son royaume pour assurer l'innocence et pour détruire l'erreur, monseigneur l'archevêque de Paris, en un mot, a bien daigné aussi examiner soigneusement mon épître, et a eu même la bonté de me donner sur plus d'un endroit des conseils que j'ai suivis, et m'a enfin accordé aussi son approbation, avec des éloges dont je suis également ravi et confus.

Au reste, comme il y a des gens qui ont publié que mon épître n'était qu'une vaine déclamation qui n'attaquait rien de réel ni qu'aucun homme eût jamais avancé, je veux bien, pour l'intérêt de la vérité, met-

---

* Jacques Bénigne Bossuet.

** Louis-Antoine de Noailles, cardinal archevêque de Paris.

tre ici la proposition que j'y combats, dans la langue et
dans les termes qu'on la soutient en plus d'une école. La
voici :

*Attritio ex gehennæ metu sufficit, etiam sine
ulla Dei dilectione, et sine ullo ad Deum offen-
sum respectu, quia talis honesta et supernatu-
ralis est.*

C'est cette proposition que j'attaque et que je soutiens
fausse, abominable, et plus contraire à la vraie religion
que le luthéranisme ni le calvinisme. Cependant je ne
crois pas qu'on puisse nier qu'on ne l'ait encore soutenue depuis peu, et qu'on ne l'ait même insérée dans
quelques catéchismes en des mots fort approchans des
termes latins que je viens de rapporter.

OEUVRES

DE

BOILEAU DESPRÉAUX.

ÉPITRE X.

A MES VERS.

L'auteur avait une grande prédilection pour cette pièce, et il l'appelait ordinairement ses inclinations. Il la composa en l'année 1695, pour fermer la bouche à une infinité de vils rimeurs qui avaient osé censurer ses ouvrages, et particulièrement sa Satire X contre les femmes. L'idée en est prise d'une épitre d'Horace, qui est la vingtième du livre II.

J'AI beau vous arrêter, ma remontrance est vaine,
Allez, partez, mes Vers, dernier fruit de ma veine.
C'est trop languir chez moi dans un obscur séjour :
La prison vous déplaît, vous cherchez le grand jour ;
Et déjà chez Barbin *, ambitieux libelles,
Vous brûlez d'étaler vos feuilles criminelles.

* Libraire du Palais.

Vains et faibles enfans dans ma vieillesse nés,
Vous croyez, sur les pas de vos heureux aînés,
Voir bientôt vos bons mots, passant du peuple aux princes,
Charmer également la ville et les provinces,
Et par le prompt effet d'un sel réjouissant,
Devenir quelquefois proverbes en naissant.
Mais perdez cette erreur dont l'appât vous amorce :
Le temps n'est plus, mes Vers, où ma muse en sa force,
Du Parnasse français formant les nourrissons,
De si riches couleurs habillait ses leçons.
Quand mon esprit, poussé d'un courroux légitime,
Vint devant la raison plaider contre la rime,
A tout le genre humain sut faire le procès,
Et s'attaqua soi-même avec tant de succès,
Alors il n'était point de lecteur si sauvage
Qui ne se déridât en lisant mon ouvrage,
Et qui, pour s'égayer, souvent, dans ses discours,
D'un mot pris en mes vers n'empruntât le secours.
  Mais aujourd'hui qu'enfin la vieillesse venue,
Sous mes faux * cheveux blonds déjà toute chenue,
A jeté sur ma tête, avec ses doigts pesans,
Onze lustres complets, surchargés de trois ans,
Cessez de présumer dans vos folles pensées,
Mes Vers, de voir en foule à vos rimes glacées,
Courir, l'argent en main, les lecteurs empressés :
Nos beaux jours sont finis, nos honneurs sont passés,
Dans peu vous allez voir vos froides rêveries
Du public exciter les justes moqueries ;
Et leur auteur, jadis à Regnier préféré,
A Pinchêne, à Linière, à Perrin, comparé.

---

* L'auteur avait pris perruque.

Vous aurez beau crier « O vieillesse ennemie !
» N'á-t-il donc tant vécu que pour cette infamie * ? »
Vous n'entendrez par-tout qu'injurieux brocards
Et sur vous et sur lui fondre de toutes parts.

Que veut-il ? dira-t-on ; quelle fougue indiscrète
Ramène sur les rangs encor ce vain athlète ?
Quels pitoyables vers ! quel style languissant !
Malheureux, laisse en paix ton cheval vieillissant,
De peur que tout-à-coup, efflanqué, sans haleine,
Il ne laisse, en tombant, son maître sur l'arène.
Ainsi s'expliqueront nos censeurs sourcilleux.
Et bientôt vous verrez mille auteurs pointilleux,
Pièce à pièce épluchant vos sons et vos paroles,
Interdire chez vous l'entrée aux hyperboles ;
Traiter tout noble mot de terme hasardeux,
Et dans tous vos discours, comme monstres hideux,
Huer la métaphore et la métonymie,
Grands mots que Pradon croit des termes de chimie ;
Vous soutenir qu'un lit ne peut être effronté **,
Que nommer la luxure est une impureté.
En vain contre ce flot d'aversion publique
Vous tiendrez quelque temps ferme sur la boutique,
Vous irez à la fin honteusement exclus,
Trouver au magasin Pyrame et Régulus ***,
Ou couvrir chez Thierry, d'une feuille encor neuve,
Les Méditations de Buzée et d'Hayneuve ;
Puis, en tristes lambeaux semés dans les marchés,
Souffrir tous les affronts au Jonas reprochés.

---

* Vers du Cid.
** Terme de la dixième satire.
*** Pièces de théâtre de Pradon.

Mais quoi! de ces discours bravant la vaine attaque,
Déjà, comme les vers de Cinna, d'Andromaque,
Vous croyez à grands pas chez la postérité
Courir, marqués au coin de l'immortalité!
Hé bien! contentez donc l'orgueil qui vous enivre;
Montrez-vous, j'y consens: mais du moins, dans mon livre,
Commencez par vous joindre à mes premiers écrits.
C'est là qu'à la faveur de vos frères chéris,
Peut-être enfin soufferts comme enfans de ma plume,
Vous pourrez vous sauver, épars dans le volume;
Que si mêmes un jour le lecteur gracieux,
Amorcé par mon nom, sur vous tourne les yeux,
Pour m'en récompenser, mes Vers, avec usure,
De votre auteur alors faites-lui la peinture;
Et sur-tout prenez soin d'effacer bien les traits.
Dont tant de peintres faux ont flétri mes portraits.
Déposez hardiment qu'au fond cet homme horrible,
Ce censeur qu'ils ont peint si noir et si terrible,
Fut un esprit doux, simple, ami de l'équité,
Qui, cherchant dans ses vers la seule vérité,
Fit, sans être malin, ses plus grandes malices,
Et qu'enfin sa candeur seule a fait tous ses vices.
Dites que, harcelé par les plus vils rimeurs,
Jamais, blessant leurs vers, il n'effleura leurs mœurs :
Libre dans ses discours, mais pourtant toujours sage,
Assez faible de corps, assez doux de visage,
Ni petit, ni trop grand, très-peu voluptueux,
Ami de la vertu plutôt que vertueux.
    Que si quelqu'un, mes Vers, alors vous importune
Pour savoir mes parens, ma vie et ma fortune,
Contez-lui qu'allié d'assez hauts magistrats,
Fils d'un père greffier, né d'aïeux avocats,

Dès le berceau perdant une fort jeune mère,
Réduit seize ans après à pleurer mon vieux père,
J'allai d'un pas hardi, par moi-même guidé,
Et de mon seul génie, en marchant, secondé,
Studieux amateur et de Perse et d'Horace,
Assez près de Regnier m'asseoir sur le Parnasse;
Que, par un coup du sort au grand jour amené,
Et des bords du Permesse à la cour entraîné,
Je sus, prenant l'essor par des routes nouvelles,
Elever assez haut mes poétiques ailes;
Que ce roi dont le nom fait trembler tant de rois
Voulut bien que ma main crayonnât ses exploits;
Que plus d'un grand m'aima jusques à la tendresse;
Que ma vue à Colbert inspirait l'allégresse;
Qu'aujourd'hui même encor, de deux sens affaibli,
Retiré de la cour, et non mis en oubli,
Plus d'un héros épris des fruits de mon étude,
Vient quelquefois chez moi * goûter la solitude.

Mais des heureux regards de mon astre étonnant
Marquez bien cet effet encor plus surprenant,
Qui dans mon souvenir aura toujours sa place :
Que de tant d'écrivains de l'école d'Ignace
Etant, comme je suis, ami si déclaré,
Ce docteur toutefois si craint, si révéré,
Qui contre eux de sa plume épuisa l'énergie,
Arnauld, le grand Arnauld, fit mon Apologie **.
Sur mon tombeau futur, mes Vers, pour l'énoncer,
Courez en lettres d'or de ce pas vous placer :

---

* A Auteuil.
** M. Arnauld a fait une dissertation où il me justifie contre mes censeurs.

Allez jusqu'où l'aurore en naissant voit l'Hydaspe *,
Chercher, pour l'y graver, le plus précieux jaspe.
Sur-tout à mes rivaux sachez bien l'étaler.
    Mais je vous retiens trop. C'est assez vous parler.
Déjà, plein du beau feu qui pour vous le transporte,
Barbin impatient chez moi frappe à la porte :
Il vient pour vous chercher. C'est lui : j'entends sa voix.
Adieu, mes Vers, adieu, pour la dernière fois.

---

* Fleuve des Indes.

ÉPITRE XI.

A MON JARDINIER.

———

Dans cette épître l'auteur s'entretient avec son jardinier, et par des discours proportionnés aux connaissances d'un villageois, il lui explique les difficultés de la poésie, et la peine qu'il y a sur-tout d'exprimer noblement et avec élégance les choses les plus communes et les plus sèches. De là il prend occasion de lui démontrer que le travail est nécessaire à l'homme pour être heureux. Cette épître fut composée en 1695. Horace a aussi adressé une épître à son fermier : c'est la quatorzième du premier livre.

LABORIEUX valet du plus commode maître
Qui, pour te rendre heureux, ici-bas pouvait naître,
Antoine, gouverneur de mon jardin d'Auteuil,
Qui diriges chez moi l'if et le chevrefeuil,
Et sur mes espaliers . industrieux génie,
Sais si bien exercer l'art de la Quintinie * ;
Oh ! que de mon esprit, triste et mal ordonné,
Ainsi que de ce champ par toi si bien orné,
Ne puis-je faire ôter les ronces, les épines,
Et des défauts sans nombre arracher les racines !
  Mais parle : raisonnons. Quand, du matin au soir,
Chez moi poussant la bêche ou portant l'arrosoir,
Tu fais d'un sable aride une terre fertile,
Et rends tout mon jardin à tes lois si docile ;
Que dis-tu de m'y voir rêveur, capricieux,
Tantôt baissant le front, tantôt levant les yeux,

———

* Célèbre directeur des jardins du roi.

De paroles dans l'air par élans envolées,
Effrayer les oiseaux perchés dans mes allées ;
Ne soupçonnes-tu point qu'agité du démon,
Ainsi que ce cousin * des quatre fils Aimon,
Dont tu lis quelquefois la merveilleuse histoire,
Je rumine, en marchant, quelque endroit du grimoire ?
Mais non : tu te souviens qu'au village on t'a dit
Que ton maître est nommé pour coucher par écrit
Les faits d'un roi plus grand en sagesse, en vaillance,
Que Charlemagne, aidé des douze pairs de France.
Tu crois qu'il y travaille, et qu'au long de ce mur
Peut-être, en ce moment, il prend Mons et Namur.
Que penserais-tu donc, si l'on allait t'apprendre
Que ce grand chroniqueur des gestes d'Alexandre,
Aujourd'hui méditant un projet tout nouveau,
S'agite, se démène, et s'use le cerveau,
Pour te faire à toi-même, en rimes insensées,
Un bizarre portrait de ses folles pensées ?
Mon maître, dirais-tu, passe pour un docteur,
Et parle quelquefois mieux qu'un prédicateur :
Sous ces arbres pourtant de si vaines sornettes,
Il n'irait point troubler la paix de ces fauvettes ;
S'il lui fallait toujours, comme moi, s'exercer,
Labourer, couper, tondre, aplanir, palisser,
Et dans l'eau de ces puits, sans relâche tirée,
De ce sable étancher la soif démesurée.
Antoine, de nous deux, tu crois donc, je le voi,
Que le plus occupé dans ce jardin c'est toi !
Oh ! que tu changerais d'avis et de langage,
Si deux jours seulement, libre du jardinage,

* Maugis.

Tout-à-coup devenu poète et bel esprit,
Tu t'allais engager à polir un écrit
Qui dît, sans s'avilir, les plus petites choses;
Fît, des plus secs chardons, des œillets et des roses;
Et sût, même aux discours de la rusticité,
Donner de l'élégance et de la dignité;
Un ouvrage, en un mot, qui, juste en tous ses termes,
Sût plaire à d'Aguesseau *, sût satisfaire Termes;
Sût, dis-je, contenter, en paraissant au jour,
Ce qu'ont d'esprits plus fins et la ville et la cour!
Bientôt de ce travail revenu sec et pâle,
Et le teint plus jauni que de vingt ans de hâle,
Tu dirais, reprenant ta pelle et ton râteau:
J'aime mieux mettre encor cent arpens au niveau,
Que d'aller follement, égaré dans les nues,
Me lasser à chercher des visions cornues,
Et, pour lier des mots si mal s'entr'accordans,
Prendre, dans ce jardin, la lune avec les dents.

Approche donc, et viens: qu'un paresseux t'apprenne,
Antoine, ce que c'est que fatigue et que peine.
L'homme ici-bas, toujours inquiet et gêné,
Est, dans le repos même, au travail condamné.
La fatigue l'y suit. C'est en vain qu'aux poètes
Les neuf trompeuses sœurs, dans leurs douces retraites,
Promettent du repos sous leurs ombrages frais:
Dans ces tranquilles bois, pour eux plantés exprès,
La cadence aussitôt, la rime, la césure,
La riche expression, la nombreuse mesure,
Sorcières dont l'amour sait d'abord les charmer,
De fatigues sans fin viennent le consumer!

---

* Alors avocat-général, et maintenant procureur-général.

2. 2

Sans cesse poursuivant ces fugitives fées *,
On voit sous les lauriers haleter les Orphées.
Leur esprit toutefois se plaît dans son tourment,
Et se fait de sa peine un noble amusement.
Mais je ne trouve point de fatigue si rude
Que l'ennuyeux loisir d'un mortel sans étude,
Qui, jamais ne sortant de sa stupidité,
Soutient, dans les langueurs de son oisiveté,
D'une lâche indolence esclave volontaire,
Le pénible fardeau de n'avoir rien à faire.
Vainement offusqué de ses pensers épais,
Loin du trouble et du bruit il croit trouver la paix:
Dans le calme odieux de sa sombre paresse,
Tous les honteux plaisirs, enfans de la mollesse,
Usurpant sur son ame un absolu pouvoir,
De monstrueux désirs le viennent émouvoir,
Irritent de ses sens la fureur endormie,
Et le font le jouet de leur triste infamie.
Puis sur leurs pas soudain arrivent les remords,
Et bientôt avec eux tous les fléaux du corps,
La pierre, la colique, et les gouttes cruelles;
Guénaud, Rainssant, Brayer, * presqu'aussi tristes qu'elles,
Chez l'indigne mortel courent tous s'assembler,
De travaux douloureux le viennent accabler.
Sur le duvet d'un lit, théâtre de ses gênes,
Lui font scier des rocs, lui font fendre des chênes,
Et le mettent au point d'envier ton emploi.
Reconnais donc, Antoine, et conclus avec moi,

---

* Les Muses.
* Fameux médecins.

Que la pauvreté mâle, active et vigilante,
Est, parmi les travaux, moins lasse et plus contente
Que la richesse oisive au sein des voluptés.
   Je te vais sur cela prouver deux vérités :
L'une, que le travail, aux hommes nécessaire,
Fait leur félicité plutôt que leur misère ;
Et l'autre, qu'il n'est point de coupable en repos.
C'est ce qu'il faut ici montrer en peu de mots.
Suis-moi donc. Mais je vois sur ce début de prône,
Que ta bouche déjà s'ouvre large d'une aune,
Et que, les yeux fermés, tu baisses le menton.
Ma foi, le plus sûr est de finir ce sermon.
Aussi-bien j'aperçois ces melons qui t'attendent,
Et ces fleurs qui là-bas, entre elles se demandent
S'il est fête au village, ou pour quel saint nouveau
On les laisse aujourd'hui si long-temps manquer d'eau.

~~~~~~

ÉPITRE XII.

SUR L'AMOUR DE DIEU,

A M. L'ABBÉ RENAUDOT.

Le dessein de l'auteur, en traitant cette matière, a été de faire voir que la poésie, que bien des personnes regardent comme un amusement frivole, peut traiter les sujets les plus relevés. En effet, le poète soutient ici les sentimens de la plus saine théologie sur l'amour de Dieu, avec une vigueur et une noblesse dignes de son sujet.

Docte abbé, tu dis vrai, l'homme, au crime attaché,
En vain, sans aimer Dieu, croit sortir du péché.
Toutefois, n'en déplaise aux transports frénétiques
Du fougueux moine* auteur des troubles germaniques,
Des tourmens de l'enfer la salutaire peur
N'est pas toujours l'effet d'une noire vapeur
Qui, de remords sans fruit, agitant le coupable,
Aux yeux de Dieu le rende encor plus haïssable;
Cette utile frayeur, propre à nous pénétrer,
Vient souvent de la grâce en nous prête d'entrer,
Qui veut dans notre cœur se rendre la plus forte,
Et, pour se faire ouvrir, déjà frappe à la porte.
Si le pécheur poussé de ce saint mouvement,
Reconnaissant son crime, aspire au sacrement,
Souvent Dieu tout-à-coup d'un vrai zèle l'enflamme,
Le Saint-Esprit revient habiter dans son ame,

----

* Luther.

Y convertit enfin les ténèbres en jour,
Et la crainte servile en filial amour.
C'est ainsi que souvent la sagesse suprême
Pour chasser le démon se sert du démon même.
    Mais lorsqu'en sa malice un pécheur obstiné,
Des horreurs de l'enfer vainement étonné,
Loin d'aimer, humble fils, son véritable père,
Craint et regarde Dieu comme un tyran sévère,
Au bien qu'il nous promet ne trouve aucun appas,
Et souhaite en son cœur que ce Dieu ne soit pas :
En vain la peur sur lui remportant la victoire,
Aux pieds d'un prêtre il court décharger sa mémoire;
Vil esclave toujours sous le joug du péché,
Au démon qu'il redoute il demeure attaché.
L'amour, essentiel à notre pénitence,
Doit être l'heureux fruit de notre repentance.
Non : quoi que l'ignorance enseigne sur ce point,
Dieu ne fait jamais grâce à qui ne l'aime point.
A le chercher la peur nous dispose et nous aide ;
Mais il ne vient jamais, que l'amour ne succède.
Cessez de m'opposer vos discours imposteurs,
Confesseurs insensés, ignorans séducteurs,
Qui, pleins de vains propos que l'erreur vous débite,
Vous figurez qu'en vous un pouvoir sans limite
Justifie à coup sûr tout pécheur alarmé,
Et que sans aimer Dieu l'on peut en être aimé.
    Quoi donc! cher Renaudot, un chrétien effroyable,
Qui jamais, servant Dieu, n'eut d'objet que le diable,
Pourra, marchant toujours dans des sentiers maudits,
Par des formalités gagner le paradis !
Et, parmi les élus, dans la gloire éternelle,
Pour quelques sacremens reçus sans aucun zèle,

Dieu fera voir aux yeux des saints épouvantés
Son ennemi mortel assis à ses côtés !
Peut-on se figurer de si folles chimères !
On voit pourtant, ou voit des docteurs même austères
Qui, les semant par-tout, s'en vont pieusement
De toute piété saper le fondement ;
Qui, le cœur infecté d'erreurs si criminelles,
Se disent hautement les purs, les vrais fidèles ;
Traitant d'abord d'impie et d'hérétique affreux
Quiconque ose pour Dieu se déclarer contre eux.
De leur audace en vain les vrais chrétiens gémissent :
Prêts à la repousser les plus hardis mollissent,
Et, voyant contre Dieu le diable accrédité,
N'osent qu'en bégayant prêcher la vérité.
Mollirons-nous aussi ? Non, sans peur, sur ta trace,
Docte abbé, de ce pas j'irai leur dire en face :
Ouvrez les yeux enfin, aveugles dangereux :
Oui, je vous le soutiens, il seroit moins affreux
De ne point reconnoître un Dieu maître du monde,
Et qui règle à son gré le ciel, la terre et l'onde,
Qu'en avouant qu'il est, et qu'il sut tout former,
D'oser dire qu'on peut lui plaire sans l'aimer.
Un si bas, si honteux, si faux christianisme,
Ne vaut pas des Platons l'éclairé paganisme ;
Et chérir les vrais biens, sans en savoir l'auteur,
Vaut mieux que, sans l'aimer, connoître un créateur.
Expliquons-nous pourtant. Par cette ardeur si sainte,
Que je veux qu'en un cœur amène enfin la crainte,
Je n'entends pas ici ce doux saisissement,
Ces transports pleins de joie et de ravissement
Qui font des bienheureux la juste récompense,
Et qu'un cœur rarement goûte ici par avance.

Dans nous l'amour de Dieu, fécond en saints désirs,
N'y produit pas toujours de sensibles plaisirs.
Souvent le cœur qui l'a ne le sait pas lui-même :
Tel craint de n'aimer pas, qui sincèrement aime ;
Et tel croit au contraire être brûlant d'ardeur,
Qui n'eut jamais pour Dieu que glace et que froideur.
C'est ainsi quelquefois qu'un indolent mystique *,
Au milieu des péchés tranquille fanatique,
Du plus parfait amour pense avoir l'heureux don,
Et croit posséder Dieu, dans les bras du démon.
Voulez-vous donc savoir si la foi dans votre ame
Allume les ardeurs d'une sincère flamme,
Consultez-vous vous-même. A ses règles soumis,
Pardonnez-vous sans peine à tous vos ennemis ?
Combattez-vous vos sens? domptez-vous vos faiblesses ?
Dieu dans le pauvre est-il l'objet de vos largesses ?
Enfin dans tous ses points pratiquez-vous sa loi ?
Oui, dites-vous. Allez, vous l'aimez, croyez-moi.
Qui fait exactement ce que ma loi commande,
A pour moi, dit ce Dieu, l'amour que je demande.
Faites-le donc ; et, sûr qu'il nous veut sauver tous,
Ne vous alarmez point pour quelques vains dégoûts
Qu'en sa ferveur souvent la plus sainte ame éprouve :
Marchez, courez à lui : qui le cherche le trouve.
Et plus de votre cœur il paraît s'écarter,
Plus par vos actions songez à l'arrêter.
Mais ne soutenez point cet horrible blasphème,
Qu'un sacrement reçu, qu'un prêtre, que Dieu même,

---

* Quiétistes, dont les erreurs ont été condamnées par les papes Innocent XI et Innocent XII.

Quoi que vos faux docteurs osent vous avancer,
De l'amour qu'on lui doit puissent vous dispenser.

Mais s'il faut qu'avant tout, dans une ame chrétienne,
Diront ces grands docteurs, l'amour de Dieu survienne,
Puisque ce seul amour suffit pour nous sauver,
De quoi le sacrement viendra-t-il nous laver?
Sa vertu n'est donc plus qu'une vertu frivole?
Oh! le bel argument digne de leur école!
Quoi! dans l'amour divin en nos cœurs allumé,
Le vœu du sacrement n'est-il pas renfermé?
Un païen converti, qui croit un Dieu suprême,
Peut-il être chrétien qu'il n'aspire au baptême,
Ni le chrétien en pleurs être vraiment touché,
Qu'il ne veuille à l'Eglise avouer son péché?
Du funeste esclavage où le démon nous traîne
C'est le sacrement seul qui peut rompre la chaîne:
Aussi l'amour d'abord y court avidement;
Mais lui-même il en est l'ame et le fondement.
Lorsqu'un pécheur, ému d'une humble repentance,
Par les degrés prescrits court à la pénitence,
S'il n'y peut parvenir, Dieu sait les supposer.
Le seul amour manquant ne peut point s'excuser:
C'est par lui que dans nous la grâce fructifie;
C'est lui qui nous ranime et qui nous vivifie:
Pour nous rejoindre à Dieu, lui seul est le lien;
Et sans lui, foi, vertus, sacremens, tout n'est rien.

A ces discours pressans que saurait-on répondre?
Mais approchez; je veux encor mieux vous confondre,
Docteurs. Dites-moi donc: quand nous sommes absous,
Le Saint-Esprit est-il, ou n'est-il pas en nous?
S'il est en nous, peut-il, n'étant qu'amour lui-même,
Ne nous échauffer point de son amour suprême?

Et s'il n'est point en nous, Satan toujours vainqueur
Ne demeure-t-il pas maître de notre cœur?
Avouez donc qu'il faut qu'en nous l'amour renaisse :
Et n'allez point, pour fuir la raison qui vous presse,
Donner le nom d'amour au trouble inanimé
Qu'au cœur d'un criminel la peur seule a formé.
L'ardeur qui justifie , et que Dieu nous envoie,
Quoiqu'ici-bas souvent inquiète et sans joie ,
Est pourtant cette ardeur, ce même feu d'amour ,
Dont brûle un bienheureux en l'éternel séjour.
Dans le fatal instant qui borne notre vie ,
Il faut que de ce feu notre ame soit remplie ;
Et Dieu , sourd à nos cris, s'il ne l'y trouve pas ,
Ne l'y rallume plus après notre trépas.
Rendez-vous donc enfin à ses clairs syllogismes ,
Et ne prétendez plus , par vos confus sophismes ,
Pouvoir encore aux yeux du fidèle éclairé
Cacher l'amour de Dieu dans l'école égaré.
Apprenez que la gloire où le ciel nous appelle
Un jour des vrais enfans doit couronner le zèle ,
Et non les froids remords d'un esclave craintif ,
Où crut voir Abeli * quelque amour négatif.
    Mais quoi ! j'entends déjà plus d'un fier scolastique
Qui , me voyant ici sur ce ton dogmatique
En vers audacieux traiter ces points sacrés ,
Curieux, me demande où j'ai pris mes degrés ;
Et si pour m'éclairer sur ces sombres matières,
Deux cents auteurs extraits m'ont prêté leurs lumières.

---

* Auteur de la Moëlle théologique , qui soutient la fausse attrition
par les raisons réfutées dans cette épître.

Non. Mais pour décider que l'homme, qu'un chrétien
Est obligé d'aimer l'unique auteur du bien,
Le Dieu qui le nourrit, le Dieu qui le fit naître,
Qui nous vint par sa mort donner un second être,
Faut-il avoir reçu le bonnet doctoral,
Avoir extrait Gamache, Isambert et du Val?
Dieu, dans son livre saint, sans chercher d'autre ouvrage,
Ne l'a-t-il pas écrit lui-même à chaque page?
De vains docteurs encore, ô prodige honteux!
Oseront nous en faire un problème douteux!
Viendront traiter d'erreur digne de l'anathème
L'indispensable loi d'aimer Dieu pour lui-même,
Et, par un dogme faux dans nos jours enfanté,
Des devoirs du chrétien rayer la charité!

    Si j'allais consulter chez eux le moins sévère,
Et lui disais : Un fils doit-il aimer son père?
Ah! peut-on en douter? dirait-il brusquement.
Et quand je leur demande en ce même moment :
L'homme, ouvrage d'un Dieu seul bon et seul aimable,
Doit-il aimer ce Dieu, son père véritable?
Leur plus rigide auteur n'ose le décider,
Et craint, en l'affirmant, de se trop hasarder!

    Je ne m'en puis défendre ; il faut que je t'écrive
La figure bizarre, et pourtant assez vive,
Que je sus l'autre jour employer dans son lieu,
Et qui déconcerta ces ennemis de Dieu.
Au sujet d'un écrit qu'on nous venait de lire,
Un d'entre eux m'insulta sur ce que j'osai dire
Qu'il faut pour être absous d'un crime confessé,
Avoir pour Dieu du moins un amour commencé.
Ce dogme, me dit-il, est un pur calvinisme.
O ciel! me voilà donc dans l'erreur, dans le schisme,

Et partant réprouvé ! Mais, poursuivis-je alors,
Quand Dieu viendra juger les vivans et les morts,
Et des humbles agneaux, objets de ma tendresse,
Séparera des boucs la troupe pécheresse,
A tous il nous dira, sévère ou gracieux,
Ce qui nous fit impurs ou justes à ses yeux.
Selon vous donc, à moi réprouvé, bouc infâme,
Va brûler, dira-t-il, en l'éternelle flamme,
Malheureux qui soutiens que l'homme dut m'aimer ;
Et qui, sur ce sujet trop prompt à déclamer,
Prétendis qu'il fallait, pour fléchir ma justice,
Que le pécheur touché de l'horreur de son vice,
De quelque ardeur pour moi sentît les mouvemens
Et gardât le premier de mes commandemens !
Dieu, si je vous en crois, me tiendra ce langage :
Mais à vous, tendre agneau, son plus cher héritage,
Orthodoxe ennemi d'un dogme si blâmé,
Venez, vous dira-t-il, venez mon bien-aimé,
Vous qui, dans les détours de vos raisons subtiles
Embarrassant les mots d'un des plus saints conciles *,
Avez délivré l'homme, ô l'utile docteur !
De l'importun fardeau d'aimer son créateur ;
Entrez au ciel, venez, comblé de mes louanges,
Du besoin d'aimer Dieu désabuser les anges.
A de tels mots, si Dieu pouvait les prononcer,
Pour moi je répondrais, je crois, sans l'offenser :
Oh ! que pour vous mon cœur moins dur et moins farouche,
Seigneur, n'a-t-il, hélas ! parlé comme ma bouche !
Ce serait ma réponse à ce Dieu fulminant.
Mais vous, de ses douceurs objet fort surprenant,

---

* Le concile de Trente.

Je ne sais pas comment, ferme en votre doctrine,
Des ironiques mots de sa bouche divine
Vous pourriez sans rougeur et sans confusion,
Soutenir l'amertume et la dérision.

L'audace du docteur, par ce discours frappée,
Demeura sans réplique à ma prosopopée.
Il sortit tout-à-coup, et murmurant tout bas
Quelques termes d'aigreur que je n'entendis pas,
S'en alla chez Biusfeld, ou chez Bazile Ponce *,
Sur l'heure à mes raisons chercher une réponse.

---

* Deux défenseurs de la fausse attrition. Le premier était chanoine de Trèves, et l'autre était de l'ordre de Saint-Augustin.

L'ART POÉTIQUE.

CHANT PREMIER.

Dans ce premier chant, l'auteur donne des règles générales pour la poésie ; mais ces règles n'appartiennent point si proprement à cet art, qu'elles ne puissent aussi être pratiquées utilement dans les autres genres d'écritures. Une courte digression renferme l'histoire de la poésie française, depuis Villon jusqu'à Malherbe.

C'est en vain qu'au Parnasse un téméraire auteur
Pense de l'art des vers atteindre la hauteur :
S'il ne sent point du ciel l'influence secrète,
Si son astre en naissant ne l'a formé poète,
Dans son génie étroit il est toujours captif ;
Pour lui Phébus est sourd, et Pégase est rétif.

O vous donc qui, brûlant d'une ardeur périlleuse,
Courez du bel esprit la carrière épineuse,
N'allez pas sur des vers sans fruit vous consumer,
Ni prendre pour génie un amour de rimer :
Craignez d'un vain plaisir les trompeuses amorces,
Et consultez long-temps votre esprit et vos forces.

La nature, fertile en esprits excellens,
Sait entre les auteurs partager les talens :
L'un peut tracer en vers une amoureuse flamme,
L'autre, d'un trait plaisant aiguiser l'épigramme :
Malherbe d'un héros peut vanter les exploits ;
Racan chanter Philis, les bergers et les bois.

2. 3

Mais souvent un esprit qui se flatte et qui s'aime,
Méconnaît son génie et s'ignore soi-même :
Ainsi tel *, autrefois, qu'on vit avec Faret **
Charbonner de ses vers les murs d'un cabaret,
S'en va, mal à propos, d'une voix insolente,
Chanter du peuple hébreu la fuite triomphante,
Et, poursuivant Moïse au travers des déserts,
Court avec Pharaon se noyer dans les mers.

Quelque sujet qu'on traite, ou plaisant ou sublime,
Que toujours le bon sens s'accorde avec la rime :
L'un l'autre vainement ils semblent se haïr ;
La rime est une esclave et ne doit qu'obéir.
Lorsqu'à la bien chercher d'abord on s'évertue,
L'esprit à la trouver aisément s'habitue ;
Au joug de la raison sans peine elle fléchit,
Et, loin de la gêner, la sert et l'enrichit.
Mais, lorsqu'on la néglige elle devient rebelle,
Et pour la rattraper le sens court après elle.
Aimez donc la raison : que toujours vos écrits
Empruntent d'elle seule et leur lustre et leur prix.

La plupart, emportés d'une fougue insensée,
Toujours loin du droit sens vont chercher leur pensée ;
Ils croiraient s'abaisser, dans leurs vers monstrueux,
S'ils pensaient ce qu'un autre a pu penser comme eux.
Evitons ces excès : laissons à l'Italie
De tous ces faux brillans l'éclatante folie.
Tout doit tendre au bon sens ; mais pour y parvenir
Le chemin est glissant et pénible à tenir ;

---

* Saint-Amand, auteur du Moïse sauvé.

** Faret, auteur du livre intitulé l'*Honnête Homme*, et ami de
Saint-Amand.

Pour peu qu'on s'en écarte, aussitôt on se noie.
La raison pour marcher n'a souvent qu'une voie.
  Un auteur quelquefois trop plein de son objet,
Jamais sans l'épuiser n'abandonne un sujet.
S'il rencontre un palais, il m'en dépeint la face;
Il me promène après de terrasse en terrasse:
Ici s'offre un perron; là règne un corridor;
Là ce balcon s'enferme en un balustre d'or.
Il compte des plafonds les ronds et les ovales;
« Ce ne sont que festons, ce ne sont qu'astragales *. »
Je saute vingt feuillets pour en trouver la fin;
Et je me sauve à peine au travers du jardin.
Fuyez de ces auteurs l'abondance stérile,
Et ne vous chargez point d'un détail inutile.
Tout ce qu'on dit de trop est fade et rebutant,
L'esprit rassasié le rejette à l'instant.
Qui ne sait se borner ne sut jamais écrire.
  Souvent la peur d'un mal nous conduit dans un pire:
Un vers n'était que faible, et vous le rendez dur;
J'évite d'être long, et je deviens obscur:
L'un n'est pas trop fardé; mais sa muse est trop nue:
L'autre a peur de ramper, il se perd dans la nue.
  Voulez-vous du public mériter les amours?
Sans cesse en écrivant variez vos discours.
Un style trop égal et toujours uniforme
En vain brille à nos yeux, il faut qu'il nous endorme.
On lit peu ces auteurs, nés pour nous ennuyer,
Qui toujours sur un ton semblent psalmodier.
Heureux qui, dans ses vers, sait d'une voix légère
Passer du grave au doux, du plaisant au sévère!

---

* Vers de Scudéri.

Son livre aimé du ciel et chéri des lecteurs,
Est souvent chez Barbin entouré d'acheteurs.
　Quoi que vous écriviez, évitez la bassesse :
Le style le moins noble a pourtant sa noblesse.
Au mépris du bon sens, le burlesque * effronté
Trompa les yeux d'abord, plut par sa nouveauté :
On ne vit plus en vers que pointes triviales ;
Le Parnasse parla le langage des halles :
La licence à rimer alors n'eut plus de frein ;
Apollon travesti devint un Tabarin.
Cette contagion infesta les provinces,
Du clerc et du bourgeois passa jusques aux princes :
Le plus mauvais plaisant eut ses approbateurs ;
Et, jusqu'à d'Assouci **, tout trouva des lecteurs.
Mais de ce style enfin la cour désabusée
Dédaigna de ces vers l'extravagance aisée,
Distingua le naïf du plat et du bouffon,
Et laissa la province admirer le Typhon.
Que ce style jamais ne souille votre ouvrage,
Imitons de Marot l'élégant badinage,
Et laissons le burlesque aux plaisans *** du Pont-Neuf.
　Mais n'allez pas aussi, sur les pas de Brébeuf,
Même en une Pharsale, entasser sur les rives
« De morts et de mourans cent montagnes plaintives. »
Prenez mieux votre ton. Soyez simple avec art,
Sublime sans orgueil, agréable sans fard.

---

* Le style burlesque fut extrêmement en vogue depuis le commencement du dernier siècle jusques vers 1660 qu'il tomba.

** Pitoyable auteur, qui a composé l'*Ovide en belle humeur.*

*** Les vendeurs de mithridate et les joueurs de marionnettes se mettent depuis long-temps sur le Pont-Neuf.

N'offrez rien au lecteur que ce qui peut lui plaire.
Ayez pour la cadence une oreille sévère :
Que toujours dans vos vers le sens coupant les mots,
Suspende l'hémistiche, en marque le repos.

Gardez qu'une voyelle à courir trop hâtée,
Ne soit d'une voyelle en son chemin heurtée.

Il est un heureux choix de mots harmonieux,
Fuyez des mauvais sons le concours odieux :
Le vers le mieux rempli, la plus noble pensée,
Ne peut plaire à l'esprit quand l'oreille est blessée.

Durant les premiers ans du Parnasse français
Le caprice tout seul faisait toutes les lois.
La rime, au bout des mots assemblés sans mesure,
Tenait lieu d'ornemens, de nombre et de césure.
Villon sut le premier, dans ces siècles grossiers,
Débrouiller l'art confus de nos vieux romanciers *.
Marot bientôt après fit fleurir les ballades,
Tourna des triolets, rima des mascarades,
A des refrains réglés asservit les rondeaux,
Et montra pour rimer des chemins tout nouveaux.
Ronsard qui le suivit, par une autre méthode,
Réglant tout, brouilla tout, fit un art à sa mode,
Et toutefois long-temps eut un heureux destin.
Mais sa muse, en français parlant grec et latin,
Vit dans l'âge suivant, par un retour grotesque,
Tomber de ses grands mots le faste pédantesque.
Ce poète orgueilleux, trébuché de si haut,
Rendit plus retenus Desportes et Bertaut.

---

* La plupart de nos anciens romans français sont en vers confus
et sans ordre, comme le roman de *la Rose*, et plusieurs autres.

3*

Enfin Malherbe vint, et, le premier en France,
Fit sentir dans les vers une juste cadence,
D'un mot mis en sa place enseigna le pouvoir,
Et réduisit la muse aux règles du devoir.
Par ce sage écrivain la langue réparée
N'offrit plus rien de rude à l'oreille épurée.
Les stances avec grâce apprirent à tomber,
Et le vers sur le vers n'osa plus enjamber.
Tout reconnut ses lois ; et ce guide fidèle
Aux auteurs de ce temps sert encor de modèle.
Marchez donc sur ses pas ; aimez sa pureté,
Et de son tour heureux imitez la clarté.
Si le sens de vos vers tarde à se faire entendre,
Mon esprit aussitôt commence à se défendre,
Et de vos vains discours prompt à se détacher,
Ne suit point un auteur qu'il faut toujours chercher.
    Il est certains esprits dont les sombres pensées
Sont d'un nuage épais toujours embarrassées ;
Le jour de la raison ne le saurait percer.
Avant donc que d'écrire, apprenez à penser.
Selon que notre idée est plus ou moins obscure,
L'expression la suit, ou moins nette, ou plus pure.
Ce que l'on conçoit bien s'énonce clairement,
Et les mots pour le dire arrivent aisément.
    Sur-tout qu'en vos écrits la langue révérée
Dans vos plus grands excès vous soit toujours sacrée.
En vain vous me frappez d'un son mélodieux,
Si le terme est impropre ou le tour vicieux :
Mon esprit n'admet point un pompeux barbarisme,
Ni d'un vers ampoulé l'orgueilleux solécisme.
Sans la langue, en un mot, l'auteur le plus divin
Est toujours, quoi qu'il fasse, un méchant écrivain.

Travaillez à loisir, quelque ordre qui vous presse*,
Et ne vous piquez point d'une folle vitesse :
Un style si rapide, et qui court en rimant,
Marque moins trop d'esprit que peu de jugement.
J'aime mieux un ruisseau qui, sur la molle arène,
Dans un pré plein de fleurs lentement se promène,
Qu'un torrent débordé qui, d'un cours orageux,
Roule, plein de gravier, sur un terrain fangeux.
Hâtez-vous lentement ; et sans perdre courage
Vingt fois sur le métier remettez votre ouvrage :
Polissez-le sans cesse et le repolissez,
Ajoutez quelquefois, et souvent effacez.

C'est peu qu'en un ouvrage où les fautes fourmillent
Des traits d'esprit semés de temps en temps pétillent :
Il faut que chaque chose y soit mise en son lieu ;
Que le début, la fin, répondent au milieu ;
Que d'un art délicat les pièces assorties
N'y forment qu'un seul tout de diverses parties ;
Que jamais du sujet le discours s'écartant
N'aille chercher trop loin quelque mot éclatant.

Craignez-vous pour vos vers la censure publique ?
Soyez-vous à vous-même un sévère critique :
L'ignorance toujours est prête à s'admirer.

Faites-vous des amis prompts à vous censurer ;
Qu'ils soient de vos écrits les confidens sincères,
Et de tous vos défauts les zélés adversaires :
Dépouillez devant eux l'arrogance d'auteur.
Mais sachez de l'ami discerner le flatteur :

---

* Scudéri disait toujours pour s'excuser de travailler si vite, qu'il
avait ordre de finir.

Tel vous semble applaudir, qui vous raille et vous joue.
Aimez qu'on vous conseille, et non pas qu'on vous loue.
  Un flatteur aussitôt cherche à se récrier ;
Chaque vers qu'il entend le fait extasier.
Tout est charmant, divin ; aucun mot ne le blesse :
Il trépigne de joie, il pleure de tendresse :
Il vous comble par-tout d'éloges fastueux.
La vérité n'a point cet air impétueux.
  Un sage ami, toujours rigoureux, inflexible,
Sur vos fautes jamais ne vous laisse paisible :
Il ne pardonne point les endroits négligés ;
Il renvoie en leur lieu les vers mal arrangés ;
Il réprime des mots l'ambitieuse emphase ;
Ici le sens le choque, et plus loin c'est la phrase :
Votre construction semble un peu s'obscurcir ;
Ce terme est équivoque, il le faut éclaircir.
C'est ainsi que vous parle un ami véritable.
Mais souvent sur ses vers un auteur intraitable
A les protéger tous se croit intéressé,
Et d'abord prend en main le droit de l'offensé.
De ce vers, direz-vous, l'expression est basse.
Ah ! monsieur, pour ce vers je vous demande grâce,
Répondra-t-il d'abord. Ce mot me semble froid,
Je le retrancherais. C'est le plus bel endroit !
Ce tour ne me plaît pas. Tout le monde l'admire !
Ainsi toujours constant à ne se point dédire,
Qu'un mot dans son ouvrage ait paru vous blesser,
C'est un titre chez lui pour ne point l'effacer.
Cependant, à l'entendre, il chérit la critique :
Vous avez sur ses vers un pouvoir despotique.
Mais tout ce beau discours dont il vient vous flatter
N'est rien qu'un piége adroit pour vous les réciter.

Aussitôt il vous quitte ; et, content de sa muse,
S'en va chercher ailleurs quelque fat qu'il abuse :
Car souvent il en trouve. Ainsi qu'en sots auteurs
Notre siècle est fertile en sots admirateurs ;
Et, sans ceux que fournit la ville et la province,
Il en est chez le duc, il en est chez le prince.
L'ouvrage le plus plat a, chez les courtisans,
De tout temps rencontré de zélés partisans ;
Et, pour finir enfin par un trait de satire,
Un sot trouve toujours un plus sot qui l'admire.

CHANT SECOND.

Dans ce second chant et dans le troisième Boileau explique le détail de la poésie française, et donne le caractère et les règles particulières de chaque poëme. Le second chant est employé à décrire l'Idylle, l'Eglogue, l'Elégie, l'Ode, le Sonnet, l'Epigramme, le Rondeau, la Ballade, le Madrigal, la Satire et le Vaudeville. L'auteur a su varier ici son style avec tant d'art et tant d'habileté, qu'en parcourant toutes les différentes espèces de poésies, il emploie précisément le style qui convient à chaque espèce en particulier.

TELLE qu'une bergère, au plus beau jour de fête,
De superbes rubis ne charge point sa tête,
Et, sans mêler à l'or l'éclat des diamans,
Cueille en un champ voisin ses plus beaux ornemens,
Telle, aimable en son air, mais humble dans son style,
Doit éclater sans pompe une élégante Idylle.
Son tour simple et naïf n'a rien de fastueux,
Et n'aime point l'orgueil d'un vers présomptueux.
Il faut que sa douceur flatte, chatouille, éveille,
Et jamais de grands mots n'épouvante l'oreille.
  Mais souvent dans ce style un rimeur aux abois
Jette là, de dépit, la flûte et le hautbois ;
Et, follement pompeux, dans sa verve indiscrète,
Au milieu d'une Eglogue entonne la trompette.
De peur de l'écouter Pan fuit dans les roseaux :
Et les Nymphes, d'effroi, se cachent sous les eaux.
  Au contraire, cet autre, abject en son langage,
Fait parler ses bergers comme on parle au village.
Ses vers plats et grossiers, dépouillés d'agrément,
Toujours baisent la terre et rampent tristement :

On dirait que Ronsard, sur ces pipeaux rustiques,
Vient encore fredonner ses idylles gothiques,
Et changer, sans respect de l'oreille et du son,
Lycidas en Pierrot, et Philis en Toinon.
    Entre ces deux excès la route est difficile.
Suivez, pour la trouver, Théocrite et Virgile :
Que leurs tendres écrits, par les Grâces dictés,
Ne quittent point vos mains, jour et nuit feuilletés.
Seuls, dans leurs doctes vers, ils pourront vous apprendre
Par quel art, sans bassesse, un auteur peut descendre;
Chanter Flore, les champs, Pumone, les vergers;
Au combat de la flûte animer deux bergers,
Des plaisirs de l'amour vanter la douce amorce;
Changer Narcisse en fleur, couvrir Daphné d'écorce;
Et par quel art encor l'Eglogue quelquefois
Rend dignes d'un consul * la campagne et les bois.
Telle est de ce poëme et la force et la grâce.
    D'un ton un peu plus haut, mais pourtant sans audace,
La plaintive Elégie, en longs habits de deuil,
Sait, les cheveux épars, gémir sur un cercueil.
Elle peint des amans la joie et la tristesse,
Flatte, menace, irrite, appaise une maîtresse.
Mais, pour bien exprimer ces caprices heureux,
C'est peu d'être poète, il faut être amoureux.
    Je hais ces vains auteurs dont la muse forcée
M'entretient de ses feux, toujours froide et glacée;
Qui s'affligent par art, et, fous de sens rassis,
S'érigent, pour rimer, en amoureux transmis.
Leurs transports les plus doux ne sont que phrases vaines.
Ils ne savent jamais que se charger de chaînes;

---

* Virgile, Eglogue IV, vers 3.

Que bénir leur martyre, adorer leur prison,
Et faire quereller le sens et la raison.
Ce n'était pas jadis sur ce ton ridicule
Qu'Amour dictait les vers que soupirait Tibulle,
Ou que, du tendre Ovide animant les doux sons,
Il donnait de son art les charmantes leçons.
Il faut que le cœur seul parle dans l'Elégie.

  L'Ode, avec plus d'éclat, et non moins d'énergie,
Elevant jusqu'au ciel son vol ambitieux,
Entretient dans ses vers commerce avec les dieux.
Aux athlètes dans Pise * elle ouvre la barrière,
Chante un vainqueur poudreux au bout de la carrière,
Mène Achille sanglant aux bords du Simoïs,
Ou fait fléchir l'Escaut sous le joug de Louis.
Tantôt, comme une abeille ardente à son ouvrage,
Elle s'en va des fleurs dépouiller le rivage :
Elle peint les festins, les danses et les ris ;
Vante un baiser cueilli sur les lèvres d'Iris,
Qui mollement résiste, et, par un doux caprice,
Quelquefois le refuse, afin qu'on le ravisse **.
Son style impétueux souvent marche au hasard ;
Chez elle un beau désordre est un défaut de l'art.

  Loin ces rimeurs craintifs dont l'esprit flegmatique
Garde dans ses fureurs un ordre didactique ;
Qui, chantant d'un héros les progrès éclatans,
Maigres historiens, suivront l'ordre des temps.
Ils n'osent un moment perdre un sujet de vue :
Pour prendre Dole, il faut que Lille soit rendue,

---

* Pise en Elide, où l'on célébrait les jeux olympiques.
** Horace, ode XII, liv. II.

Et que leur vers exact, ainsi que Mezeray,
Ait fait déjà tomber les remparts de Courtray.
Apollon de son feu leur fut toujours avare.

On dit, à ce propos, qu'un jour ce dieu bizarre,
Voulant pousser à bout tous les rimeurs français,
Inventa du Sonnet les rigoureuses lois ;
Voulut qu'en deux quatrains, de mesure pareille,
La rime avec deux sons frappât huit fois l'oreille ;
Et qu'ensuite six vers, artistement rangés,
Fussent, en deux tercets, par le sens partagés.
Sur-tout de ce poëme il bannit la licence ;
Lui-même en mesura le nombre et la cadence ;
Défendit qu'un vers faible y pût jamais entrer ;
Ni qu'un mot déjà mis osât s'y remontrer.
Du reste, il l'enrichit d'une beauté suprême :
Un sonnet sans défaut vaut seul un long poëme.
Mais en vain mille auteurs y pensent arriver ;
Et cet heureux phénix est encore à trouver.
A peine dans Gombaut, Mainard et Malleville,
En peut-on admirer deux ou trois entre mille :
Le reste, aussi peu lu que ceux de Pelletier,
N'a fait, de chez Sercy *, qu'un saut chez l'épicier.
Pour enfermer son sens dans la borne prescrite,
La mesure est toujours trop longue ou trop petite.

    L'Epigramme plus libre, en son tour plus borné,
N'est souvent qu'un bon mot de deux rimes orné.
Jadis de nos auteurs les pointes ignorées
Furent de l'Italie en mes vers attirées.
Le vulgaire ébloui de leur faux agrément,
A ce nouvel appât courut avidement.

* Libraire du palais.

2.

La faveur du public excitant leur audace,
Leur nombre impétueux inonda le Parnasse :
Le Madrigal d'abord en fut enveloppé ;
Le Sonnet orgueilleux lui-même en fut frappé ;
La Tragédie * en fit ses plus chères délices ;
L'Elégie en orna ses douloureux caprices ;
Un héros sur la scène eut soin de s'en parer,
Et sans pointe un amant n'osa plus soupirer.
On vit tous les bergers, dans leurs plaintes nouvelles,
Fidèles à la pointe encor plus qu'à leurs belles ;
Chaque mot eut toujours deux visages divers :
La prose la reçut aussi bien que les vers ;
L'avocat au palais en hérissa son style,
Et le docteur ** en chaire en sema l'évangile.

La raison outragée enfin ouvrit les yeux,
La chassa pour jamais des discours sérieux ;
Et, dans tous ces écrits la déclarant infâme,
Par grâce lui laissa l'entrée en l'Epigramme ;
Pourvu que sa finesse, éclatant à propos,
Roulât sur la pensée, et non pas sur les mots.
Ainsi de toutes parts les désordres cessèrent.
Toutefois, à la cour, les turlupins restèrent,
Insipides plaisans, bouffons infortunés,
D'un jeu de mots grossiers partisans surannés.
Ce n'est pas quelquefois qu'une muse un peu fine
Sur un mot, en passant, ne joue et ne badine,
Et d'un sens détourné n'abuse avec succès ;
Mais fuyez sur ce point un ridicule excès ;

---

* La Sylvie de Mairet.
** Le petit P. André, augustin.

Et n'allez pas toujours d'une pointe frivole
Aiguiser par la queue une Épigramme folle.

Tout poëme est brillant de sa propre beauté.
Le Rondeau, né gaulois, a la naïveté.
La Ballade, asservie à ses vieilles maximes,
Souvent doit tout son lustre au caprice des rimes.
Le Madrigal, plus simple, et plus noble en son tour,
Respire la douceur, la tendresse et l'amour.

L'ardeur de se montrer, et non pas de médire,
Arma la Vérité du vers de la Satire.
Lucile le premier osa la faire voir ;
Aux vices des Romains présenta le miroir ;
Vengea l'humble vertu, de la richesse altière,
Et l'honnête homme à pied, du faquin en litière.

Horace à cette aigreur mêla son enjouement :
On ne fut plus ni fat, ni sot impunément ;
Et malheur à tout nom qui, propre à la censure,
Put entrer dans un vers sans rompre la mesure.

Perse, en ses vers obscurs, mais serrés et pressans,
Affecta d'enfermer moins de mots que de sens.

Juvénal, élevé dans les cris de l'école,
Poussa jusqu'à l'excès sa mordante hyperbole.
Ses ouvrages, tout pleins d'affreuses vérités,
Etincellent pourtant de sublimes beautés :
Soit que * sur un écrit arrivé de Caprée
Il brise de Séjan la statue adorée ;
Soit ** qu'il fasse au conseil courir les sénateurs,
D'un tyran soupçonneux pâles adulateurs ;

---

* Satire X.
** Satire IV.

Ou que *, poussant à bout la luxure latine,
Aux portefaix de Rome il vende Messaline.
Ses écrits pleins de feu par-tout brillent aux yeux.

De ces maîtres savans disciple ingénieux,
Regnier, seul parmi nous, formé sur leurs modèles,
Dans son vieux style encor a des graces nouvelles.
Heureux, si ses discours, craints du chaste lecteur,
Ne se sentaient des lieux où fréquentait l'auteur;
Et si du son hardi de ses rimes cyniques
Il n'alarmait souvent les oreilles pudiques !

Le latin, dans les mots, brave l'honnêteté;
Mais le lecteur français veut être respecté,
Du moindre sens impur la liberté l'outrage,
Si la pudeur des mots n'en adoucit l'image.
Je veux dans la Satire un esprit de candeur,
Et fuis un effronté qui prêche la pudeur.

D'un trait de ce poëme, en bons mots si fertile,
Le Français, né malin, forma le Vaudeville ;
Agréable indiscret, qui, conduit par le chant,
Passe de bouche en bouche, et s'accroît en marchant.
La liberté française en ses vers se déploie :
Cet enfant de plaisir veut naître dans la joie.
Toutefois n'allez pas, goguenard dangereux,
Faire Dieu le sujet d'un badinage affreux :
A la fin tous ces jeux, que l'athéisme élève,
Conduisent tristement le plaisant à la Grève.
Il faut même, en chansons, du bon sens et de l'art :
Mais pourtant on a vu le vin et le hasard
Inspirer quelquefois une muse grossière,
Et fournir, sans génie, un couplet à Linière.

---

* Satire VI.

Mais pour un vain bonheur qui vous a fait rimer,
Gardez qu'un sot orgueil ne vous vienne enfumer.
Souvent l'auteur altier de quelque chansonnette
Au même instant prend droit de se croire poète :
Il ne dormira plus qu'il n'ait fait un sonnet ;
Il met tous les matins six impromptus au net.
Encore est-ce un miracle, en ses vagues furies,
Si bientôt, imprimant ses sottes rêveries,
Il ne se fait graver au-devant du recueil,
Couronné de lauriers par la main de Nanteuil *.

---

* Fameux graveur.

4*

CHANT TROISIÈME.

Les règles de la Tragédie, de la Comédie et du Poëme Epique, sont la matière du troisième chant. Il est le plus beau de tous, soit par la grandeur du sujet, soit par la manière dont l'auteur l'a traité.

Il n'est point de serpent, ni de monstre odieux,
Qui, par l'art imité, ne puisse plaire aux yeux :
D'un pinceau délicat l'artifice agréable
Du plus affreux objet fait un objet aimable.
Ainsi, pour nous charmer, la Tragédie en pleurs
D'OEdipe tout sanglant * fit parler les douleurs,
D'Oreste parricide exprima les alarmes,
Et, pour nous divertir, nous arracha des larmes.
Vous donc qui, d'un beau feu pour le théâtre épris,
Venez en vers pompeux y disputer le prix,
Voulez-vous sur la scène étaler des ouvrages
Où tout Paris en foule apporte ses suffrages,
Et qui, toujours plus beaux plus ils sont regardés,
Soient au bout de vingt ans encor redemandés ?
Que dans tous vos discours la passion émue
Aille chercher le cœur, l'échauffe et le remue.
Si d'un beau mouvement l'agréable fureur
Souvent ne nous remplit d'une douce terreur,
Ou n'excite en notre ame une pitié charmante,
En vain vous étalez une scène savante ;

* Sophocle.

Vos froids raisonnemens ne feront qu'attiédir
Un spectateur toujours paresseux d'applaudir,
Et qui, des vains efforts de votre rhétorique
Justement fatigué, s'endort ou vous critique.
Le secret est d'abord de plaire et de toucher :
Inventez des ressorts qui puissent m'attacher.

Que dès les premiers vers l'action préparée
Sans peine du sujet aplanisse l'entrée.
Je me ris d'un acteur qui, lent à s'exprimer,
De ce qu'il veut, d'abord, ne sait pas m'informer ;
Et qui, débrouillant mal une pénible intrigue,
D'un divertissement me fait une fatigue.
J'aimerais mieux encor qu'il déclinât son nom *,
Et dît, je suis Oreste, ou bien Agamemnon,
Que d'aller, par un tas de confuses merveilles,
Sans rien dire à l'esprit, étourdir les oreilles ;
Le sujet n'est jamais assez tôt expliqué.

Que le lieu de la scène y soit fixe et marqué.
Un rimeur, sans péril, de-là les Pyrénées,
Sur la scène en un jour renferme des années :
Là souvent le héros d'un spectacle grossier,
Enfant au premier acte, est barbon au dernier.
Mais nous, que la raison à ses règles engage,
Nous voulons qu'avec art l'action se ménage ;
Qu'en un lieu, qu'en un jour, un seul fait accompli
Tienne jusqu'à la fin le théâtre rempli.

Jamais au spectateur n'offrez rien d'incroyable :
Le vrai peut quelquefois n'être pas vraisemblable.
Une merveille absurde est pour moi sans appas :
L'esprit n'est point ému de ce qu'il ne croit pas.

---

* Il y a de pareils exemples dans Euripide.

Ce qu'on ne doit point voir, qu'un récit nous l'expose :
Les yeux, en le voyant, saisiraient mieux la chose ;
Mais il est des objets que l'art judicieux
Doit offrir à l'oreille et reculer des yeux.

Que le trouble, toujours croissant de scène en scène,
A son comble arrivé se débrouille sans peine.
L'esprit ne se sent point plus vivement frappé
Que lorsqu'en un sujet d'intrigue enveloppé
D'un secret tout-à-coup la vérité connue
Change tout, donne à tout une face imprévue.

La Tragédie, informe et grossière en naissant,
N'était qu'un simple chœur, où chacun en dansant,
Et du Dieu des raisins entonnant les louanges,
S'efforçait d'attirer de fertiles vendanges.
Là, le vin et la joie éveillant les esprits,
Du plus habile chantre un bouc était le prix.

Thespis fut le premier qui, barbouillé de lie,
Promena par les bourgs * cette heureuse folie ;
Et, d'acteurs mal ornés chargeant un tombereau,
Amusa les passans d'un spectale nouveau.

Eschyle dans le chœur jeta les personnages,
D'un masque plus honnête habilla les visages,
Sur les ais d'un théâtre en public exhaussé
Fit paraître l'acteur d'un brodequin chaussé.

Sophocle enfin, donnant l'essor à son génie,
Accrut encor la pompe, augmenta l'harmonie,
Intéressa le cœur dans toute l'action,
Des vers trop raboteux polit l'expression,

----

* Les bourgs de l'Attique.

Lui donna chez les Grecs cette hauteur divine *
Où jamais n'atteignit la faiblesse latine.

  Chez nos dévots aïeux le théâtre abhorré
Fut long-temps dans la France un plaisir ignoré.
De pélerins **, dit-on, une troupe grossière
En public à Paris y monta la première ;
Et, sottement zélée en sa simplicité,
Joua les Saints, la Vierge, et Dieu, par piété.
Le savoir, à la fin dissipant l'ignorance,
Fit voir de ce projet la dévote imprudence.
On chassa ces docteurs prêchant sans mission ;
On vit renaître Hector, Andromaque, Ilion ***.
Seulement les acteurs laissant le masque antique ****,
Le violon tint lieu ***** de chœur et de musique.

  Bientôt l'amour, fertile en tendres sentimens,
S'empara du théâtre ainsi que des romans.
De cette passion la sensible peinture
Est pour aller au cœur la route la plus sûre.
Peignez donc, j'y consens, les héros amoureux,
Mais ne m'en formez pas des bergers doucereux :
Qu'Achille aime autrement que Thyrsis et Philène ;
N'allez pas d'un Cyrus nous faire un Artamène ;
Et que l'amour, souvent de remords combattu,
Paraisse une faiblesse et non une vertu.

---

* Voyez Quintilien, liv. X, chap. 1.

** Leurs pièces sont imprimées.

*** Ce ne fut que sous Louis XIII que la Tragédie commença à
prendre une bonne forme en France.

**** Ce masque antique s'appliquait sur le visage de l'acteur, et re-
présentait le personnage que l'on introduisait sur la scène.

***** Esther et Athalie ont montré combien on a perdu en suppri-
mant les chœurs et la musique.

Des héros des romans fuyez les petitesses :
Toutefois aux grands cœurs donnez quelques faiblesses.
Achille déplairait, moins brillant et moins prompt :
J'aime à lui voir verser des pleurs pour un affront.
A ces petits défauts marqués dans sa peinture,
L'esprit avec plaisir reconnaît la nature.
Qu'il soit sur ce modèle en vos écrits tracé :
Qu'Agamemnon soit fier, superbe, intéressé ;
Que pour ses dieux Enée ait un respect austère.
Conservez à chacun son propre caractère.
Des siècles, des pays, étudiez les mœurs :
Les climats font souvent les diverses humeurs.

Gardez donc de donner, ainsi que dans Clélie,
L'air ni l'esprit français à l'antique Italie ;
Et sous des noms romains faisant notre portrait,
Peindre Caton galant, et Brutus dameret.
Dans un roman frivole aisément tout s'excuse :
C'est assez qu'en courant la fiction amuse ;
Trop de rigueur alors serait hors de saison :
Mais la scène demande une exacte raison ;
L'étroite bienséance y veut être gardée.

D'un nouveau personnage inventez-vous l'idée ?
Qu'en tout avec soi-même il se montre d'accord,
Et qu'il soit jusqu'au bout tel qu'on l'a vu d'abord.

Souvent, sans y penser, un écrivain qui s'aime
Forme tous ses héros semblables à soi-même :
Tout a l'humeur gasconne en un auteur gascon ;
Calprenède et Juba * parlent du même ton.

La nature est en nous plus diverse et plus sage,
Chaque passion parle un différent langage ;

_____

* Héros de la Cléopâtre.

La colère est superbe et veut des mots altiers :
L'abattement s'explique en des termes moins fiers.
   Que devant Troie en flamme Hécube désolée
Ne vienne pas pousser une plainte ampoulée,
Ni sans raison décrire en quel affreux pays
Par sept bouches l'Euxin reçoit le Tanaïs *,
Tous ces pompeux amas d'expressions frivoles
Sont d'un déclamateur amoureux des paroles.
Il faut dans la douleur que vous vous abaissiez :
Pour me tirer des pleurs il faut que vous pleuriez ,
Ces grands mots dont alors l'acteur emplit sa bouche
Ne partent point d'un cœur que sa misère touche.
   Le théâtre , fertile en censeurs pointilleux ,
Chez nous pour se produire est un champ périlleux.
Un auteur n'y fait pas de faciles conquêtes :
Il trouve à le siffler des bouches toujours prêtes ;
Chacun le peut traiter de fat et d'ignorant ;
C'est un droit qu'à la porte on achète en entrant.
Il faut qu'en cent façons, pour plaire , il se replie ;
Que tantôt il s'élève et tantôt s'humilie ;
Qu'en nobles sentimens il soit par-tout fécond ;
Qu'il soit aisé, solide , agréable , profond ;
Que de traits surprenans sans cesse il nous réveille ;
Qu'il coure dans ses vers de merveille en merveille ;
Et que tout ce qu'il dit, facile à retenir ,
De son ouvrage en nous laisse un long souvenir.
Ainsi la Tragédie agit , marche et s'explique.
   D'un air plus grand encor la poésie épique ,
Dans le vaste récit d'une longue action,
Se soutient par la fable et vit de fiction.

---

* Sénèque le tragique, Tréode , sc. 1.

Là , pour nous enchanter tout est mis en usage ;
Tout prend un corps , une ame , un esprit , un visage.
Chaque vertu devient une divinité ,
Minerve est la prudence , et Vénus la beauté ;
Ce n'est plus la vapeur qui produit le tonnerre ,
C'est Jupiter armé pour effrayer la terre ;
Un orage terrible aux yeux des matelots ,
C'est Neptune en courroux qui gourmande les flots ;
Echo n'est plus un son qui dans l'air retentisse ,
C'est une nymphe en pleurs qui se plaint de Narcisse.
Ainsi , dans cet amas de nobles fictions ,
Le poëte s'égaie en mille inventions ,
Orne , élève , embellit , agrandit toutes choses ,
Et trouve sous sa main des fleurs toujours écloses.
Qu'Énée et ses vaisseaux , par le vent écartés ,
Soient aux bords africains d'un orage emportés ,
Ce n'est qu'une aventure ordinaire et commune ,
Qu'un coup peu surprenant des traits de la fortune.
Mais que Junon , constante en son aversion ,
Poursuive sur les flots les restes d'Ilion ;
Qu'Eole , en sa faveur , les chassant d'Italie ,
Ouvre aux vents mutinés les prisons d'Eolie ;
Que Neptume en courroux s'élevant sur la mer ,
D'un mot calme les flots , mette la paix dans l'air ,
Délivre les vaisseaux , des Syrtes les arrache :
C'est là ce qui surprend , frappe , saisit , attache.
Sans tous ses ornemens le vers tombe en langueur :
La poésie est morte * , ou rampe sans vigueur ;

---

* L'auteur avait en vue Saint-Sorlin des Marets , qui a écrit contre
la fable.

Le poëte n'est plus qu'un orateur timide,
Qu'un froid historien d'une fable insipide.

    C'est donc bien vainement que nos auteurs déçus,
Bannissant de leurs vers ces ornemens reçus,
Pensent faire agir Dieu, ses saints et ses prophètes,
Comme ces dieux éclos du cerveau des poètes,
Mettent à chaque pas le lecteur en enfer;
N'offrent rien qu'Astaroth, Belzébuth, Lucifer.
De la foi d'un chrétien les mystères terribles,
D'ornemens égayés ne sont point susceptibles:
L'évangile à l'esprit n'offre de tous côtés
Que pénitence à faire et tourmens mérités;
Et de vos fictions le mélange coupable
Même à ces vérités donne l'air de la fable.
Et quel objet enfin à présenter aux yeux
Que le diable toujours hurlant contre les cieux *,
Qui de votre héros veut rabaisser la gloire,
Et souvent avec Dieu balance la victoire!

    Le Tasse, dira-t-on, l'a fait avec succès.
Je ne veux point ici lui faire son procès:
Mais, quoi que notre siècle à sa gloire publie,
Il n'eût point de son livre illustré l'Italie,
Si son sage héros, toujours en oraison,
N'eût fait que mettre enfin Satan à la raison;
Et si Renaud, Argant, Tancrède et sa maîtresse,
N'eussent de son sujet égayé la tristesse.

    Ce n'est pas que j'approuve, en un sujet chrétien **,
Un auteur follement idolâtre et païen;

---

* Voyez le Tasse.
** Voyez l'Arioste.

2.   5

Mais, dans une profane et riante peinture,
De n'oser de la fable employer la figure;
De chasser les Tritons de l'empire des eaux;
D'ôter à Pan sa flûte, aux Parques leurs ciseaux;
D'empêcher que Caron, dans la fatale barque,
Ainsi que le berger, ne passe le monarque:
C'est d'un scrupule vain s'alarmer sottement,
Et vouloir aux lecteurs plaire sans agrément;
Bientôt ils défendront de peindre la Prudence,
De donner à Thémis ni bandeau ni balance,
De figurer aux yeux la Guerre au front d'airain,
Ou le Temps qui s'enfuit une horloge à la main;
Et par-tout des discours, comme une idolâtrie,
Dans leur faux zèle iront chasser l'allégorie.
Laissons-les s'applaudir de leur pieuse erreur.
Mais pour nous, bannissons une vaine terreur;
Et, fabuleux chrétiens, n'allons point, dans nos songes,
Du Dieu de vérité faire un Dieu de mensonges.
    La fable offre à l'esprit mille agrémens divers:
Là tous les noms heureux semblent nés pour les vers,
Ulysse, Agamemnon, Oreste, Idoménée,
Hélène, Ménélas, Pâris, Hector, Énée.
O le plaisant projet d'un poète ignorant,
Qui de tant de héros va choisir Childebrand!
D'un seul nom quelquefois le son dur ou bizarre
Rend un poëme entier ou burlesque ou barbare.
    Voulez-vous long-temps plaire et jamais ne lasser?
Faites choix d'un héros propre à m'intéresser,
En valeur éclatant, en vertus magnifique;
Qu'en lui, jusqu'aux défauts, tout se montre héroïque;
Que ses faits surprenans soient dignes d'être ouïs,
Qu'il soit tel que César, Alexandre ou Louis;

Non tel que Polynice et son perfide * frère :
On s'ennuie aux exploits d'un conquérant vulgaire.

N'offrez point un sujet d'incidens trop chargé.
Le seul courroux d'Achille, avec art ménagé,
Remplit abondamment une Iliade entière ;
Souvent trop d'abondance appauvrit la matière.

Soyez vif et pressé dans vos narrations :
Soyez riche et pompeux dans vos descriptions.
C'est là qu'il faut des vers étaler l'élégance :
N'y présentez jamais de basse circonstance.
N'imitez pas ce fou ** qui, décrivant les mers,
Et peignant, au milieu de leurs flots entr'ouverts,
L'Hébreu sauvé du joug de ses injustes maîtres,
Met, pour le voir passer, les poissons *** aux fenêtres ;
Peint le petit enfant qui va, saute, revient,
Et joyeux à sa mère offre un caillou qu'il tient.
Sur de trop vains objets c'est arrêter la vue.

Donnez à votre ouvrage une juste étendue.
Que le début soit simple et n'ait rien d'affecté.
N'allez pas dès l'abord, sur Pégase monté,
Crier à vos lecteurs d'une voix de tonnerre :
«Je chante le vainqueur des vainqueurs de la terre****.»
Que produira l'auteur après tous ces grands cris ?
La montagne en travail enfante une souris.

---

* Polynice et Etéocle, frères ennemis, auteurs de la *Guerre de Thèbes*. Voyez *la Thébaïde* de Stace.

** Saint-Amand.

*** Les poissons ébahis les regardent passer.

(*Moïse sauvé*.)

**** Alaric, poëme de Scudéri, liv. I.

Oh! que j'aime bien mieux cet auteur plein d'adresse
Qui, sans faire d'abord de si haute promesse,
Me dit d'un ton aisé, doux, simple, harmonieux:
« Je chante les combats et cet homme pieux
» Qui, des bords phrygiens conduit dans l'Ausonie,
» Le premier aborda les champs de Lavinie! »
Sa muse en arrivant ne met pas tout en feu,
Et, pour donner beaucoup, ne nous promet que peu;
Bientôt vous la verrez, prodiguant les miracles,
Du destin des Latins prononcer les oracles;
De Styx et d'Achéron peindre les noirs torrens;
Et déjà les Césars dans l'Élysée errans.
　　De figures sans nombre égayez votre ouvrage;
Que tout y fasse aux yeux une riante image:
On peut être à la fois et pompeux et plaisant;
Et je hais un sublime ennuyeux et pesant.
J'aime mieux Arioste et ses fables comiques,
Que ces auteurs toujours froids et mélancoliques
Qui dans leur sombre humeur se croiraient faire affront,
Si les Grâces jamais leur déridaient le front.
　　On dirait que pour plaire, instruit par la nature,
Homère ait à Vénus * dérobé sa ceinture.
Son livre est d'agrémens un fertile trésor;
Tout ce qu'il a touché se convertit en or;
Tout reçoit dans ses mains une nouvelle grace:
Par-tout il divertit, et jamais il ne lasse.
Une heureuse chaleur anime ses discours:
Il ne s'égare point en de trop longs détours.
Sans garder dans ses vers un ordre méthodique,
Son sujet de soi-même et s'arrange et s'explique:

---

* Iliade, liv. XIV.

Tout, sans faire d'apprêts, s'y prépare aisément ;
Chaque vers, chaque mot court à l'événement.
Aimez donc ses écrits, mais d'un amour sincère :
C'est avoir profité que de savoir s'y plaire.

Un poëme excellent, où tout marche et se suit,
N'est pas de ces travaux qu'un caprice produit :
Il veut du temps, des soins, et ce pénible ouvrage
Jamais d'un écolier ne fut l'apprentissage.
Mais souvent parmi nous un poète sans art,
Qu'un beau feu quelquefois échauffa par hasard,
Enflant d'un vain orgueil son esprit chimérique,
Fièrement prend en main la trompette héroïque :
Sa muse déréglée, en ses vers vagabonds,
Ne s'élève jamais que par sauts et par bonds ;
Et son feu, dépourvu de sens et de lecture,
S'éteint à chaque pas, faute de nourriture.
Mais en vain le public, prompt à le mépriser,
De son mérite faux le veut désabuser :
Lui-même, applaudissant à son maigre génie,
Se donne par ses mains l'encens qu'on lui dénie :
Virgile, au prix de lui, n'a point d'invention ;
Homère n'entend point la noble fiction.
Si contre cet arrêt le siècle se rebelle,
A la postérité d'abord il en appelle :
Mais attendant qu'ici le bon sens de retour
Ramène triomphans ses ouvrages au jour,
Leurs tas au magasin, cachés à la lumière,
Combattent tristement les vers et la poussière.
Laissons-les donc entr'eux s'escrimer en repos,
Et, sans nous égarer, suivons notre propos.

Des succès fortunés du spectacle tragique,
Dans Athènes naquit la Comédie antique.

5*

Là, le Grec, né moqueur, par mille jeux plaisans
Distilla le venin de ses traits médisans.
Aux accès insolens d'une bouffonne joie,
La sagesse, l'esprit, l'honneur, furent en proie.
On vit par le public un poëte avoué
S'enrichir aux dépens du mérite joué;
Et Socrate par lui, dans un chœur de nuées *,
D'un vil amas de peuple attirer les huées.
Enfin, de la licence on arrêta le cours;
Le magistrat des lois emprunta le secours;
Et, rendant par édit les poëtes plus sages,
Défendit de marquer les noms et les visages.
Le théâtre perdit son antique fureur :
La Comédie apprit à rire sans aigreur,
Sans fiel et sans venin sut instruire et reprendre,
Et plut innocemment dans les vers de Ménandre.
Chacun peint avec art dans ce nouveau miroir,
S'y vit avec plaisir, ou crut ne s'y point voir.
L'avare, des premiers, rit du tableau fidèle
D'un avare souvent tracé sur son modèle;
Et mille fois un fat finement exprimé
Méconnut le portrait sur lui-même formé.
    Que la nature donc soit votre étude unique,
Auteurs qui prétendez aux honneurs du comique.
Quiconque voit bien l'homme, et, d'un esprit profond,
De tant de cœurs cachés a pénétré le fond;
Qui sait bien ce que c'est qu'un prodigue, un avare,
Un honnête homme, un fat, un jaloux, un bizarre,
Sur une scène heureuse il peut les étaler,
Et les faire, à nos yeux, vivre, agir et parler.

---

* Les Nuées, comédie d'Aristophane.

Présentez-en par-tout les images naïves ;
Que chacun y soit peint des couleurs les plus vives.
La nature, féconde en bizarres portraits,
Dans chaque ame est marquée à de différens traits ;
Un geste la découvre, un rien la fait paraître :
Mais tout esprit n'a pas des yeux pour la connaître:
Le temps, qui change tout, change aussi nos humeurs :
Chaque âge a ses plaisirs, son esprit et ses mœurs.

  Un jeune homme, toujours bouillant dans ses caprices,
Est prompt à recevoir l'impression des vices,
Est vain dans ses discours, volage en ses désirs,
Rétif à la censure, et fou dans les plaisirs.

  L'âge viril, plus mûr, inspire un air plus sage,
Se pousse auprès des grands, s'intrigue, se ménage,
Contre les coups du sort songe à se maintenir,
Et loin dans le présent regarde l'avenir.

  La vieillesse chagrine incessamment amasse ;
Garde, non pas pour soi, les trésors qu'elle entasse ;
Marche en tous ses desseins d'un pas lent et glacé,
Toujours plaint le présent et vante le passé ;
Inhabile aux plaisirs dont la jeunesse abuse,
Blâme en eux les douceurs que l'âge lui refuse.

  Ne faites point parler vos acteurs au hasard,
Un vieillard en jeune homme, un jeune homme en vieillard.

  Etudiez la cour, et connaissez la ville :
L'une et l'autre est toujours en modèle fertile.
C'est par-là que Molière, illustrant ses écrits,
Peut-être de son art eût remporté le prix,
Si, moins ami du peuple, en ses doctes peintures
Il n'eût point fait souvent grimacer ses figures,
Quitté, pour le bouffon, l'agréable et le fin,
Et sans honte à Térence allié Tabarin :

Dans ce sac ridicule où Scapin s'enveloppe
Je ne reconnais plus l'auteur du Misanthrope *.
    Le Comique, ennemi des soupirs et des pleurs,
N'admet point en ses vers de tragiques douleurs ;
Mais son emploi n'est pas d'aller, dans une place,
De mots sales et bas charmer la populace :
Il faut que ses acteurs badinent noblement ;
Que son nœud bien formé se dénoue aisément ;
Que l'action, marchant où la raison la guide,
Ne se perde jamais dans une scène vide ;
Que son style humble et doux se relève à propos ;
Que ses discours, par-tout fertiles en bons mots,
Soient pleins de passions finement maniées,
Et les scènes toujours l'une à l'autre liées.
Aux dépens du bon sens gardez de plaisanter :
Jamais de la nature il ne faut s'écarter.
Contemplez de quel air un père dans Térence **,
Vient, d'un fils amoureux gourmander l'imprudence ;
De quel air cet amant écoute ses leçons,
Et court chez sa maîtresse oublier ces chansons.
Ce n'est pas un portrait, une image semblable :
C'est un amant, un fils, un père véritable.
  J'aime sur le théâtre un agréable auteur
Qui, sans se diffamer aux yeux du spectateur,
Plaît par la raison seule et jamais ne la choque :
Mais pour un faux plaisant à grossière équivoque,
Qui, pour me divertir n'a que la saleté,
Qu'il s'en aille, s'il veut, sur deux traiteaux monté,
Amusant le Pont-neuf de ses sornettes fades,
Aux laquais assemblés jouer ses mascarades.

_____

* Comédie de Molière.
** Voyez Simon dans l'*Adrienne*, et Démée dans *les Adelphes*.

CHANT QUATRIÈME.

Dans le quatrième chant, l'auteur revient aux préceptes généraux. Il s'attache à former les poètes, et leur donne d'utiles instructions sur la connaissance et l'usage des divers talens; sur le choix qu'ils doivent faire d'un censeur éclairé sur leurs mœurs, sur leur conduite particulière. Il explique ensuite, par forme de digression, l'histoire de la poésie, son origine, son progrès, sa perfection et sa décadence.

Dans Florence jadis vivait un médecin,
Savant hableur, dit-on, et célèbre assassin.
Lui seul y fit long-temps la publique misère;
Là, le fils orphelin lui redemande un père;
Ici, le frère pleure un frère empoisonné :
L'un meurt vide de sang, l'autre plein de séné :
Le rhume à son aspect se change en pleurésie,
Et par lui la migraine est bientôt frénésie.
Il quitte enfin la ville, en tous lieux détesté.
De tous ses amis morts un seul ami resté
Le mène en sa maison de superbe structure.
C'était un riche abbé, fou de l'architecture.
Le médecin d'abord semble né dans cet art,
Déjà de bâtimens parle comme Mansard :
D'un salon qu'on élève il condamne la face;
Au vestibule obscur il marque une autre place;
Approuve l'escalier tourné d'autre façon.
Son ami le conçoit, et mande son maçon :
Le maçon vient, écoute, approuve et se corrige.
Enfin, pour abréger un si plaisant prodige,
Notre assassin renonce à son art inhumain;
Et désormais, la règle et l'équerre à la main,

Laissant de Gallien la science suspecte,
De méchant médecin devient bon architecte.

Son exemple est pour nous un précepte excellent.
Soyez plutôt maçon, si c'est votre talent,
Ouvrier estimé dans un art nécessaire,
Qu'écrivain du commun et poète vulgaire.
Il est dans tout autre art des degrés différens
Où peut avec honneur remplir les seconds rangs;
Mais, dans l'art dangereux de rimer et d'écrire,
Il n'est point de degrés du médiocre au pire :
Qui dit froid écrivain dit détestable auteur.
Boyer * est à Pinchène égal pour le lecteur;
On ne lit guère plus Rampale et Ménardière,
Que Magnon**, du Souhait***, Corbin*, et La Morlière**.
Un fou du moins fait rire, et peut nous égayer;
Mais un froid écrivain ne sait rien qu'ennuyer.
J'aime mieux Bergerac*** et sa burlesque audace
Que ces vers où Motin se morfond et nous glace.

Ne vous enivrez point des éloges flatteurs
Qu'un amas quelquefois de vains admirateurs
Vous donne en ces réduits, prompts à crier : Merveille!
Tel écrit récité se soutient à l'oreille,

---

* Auteur médiocre.

** Magnon a composé un poëme fort long, intitulé l'Encyclopédie.

*** Du Souhait avait traduit l'Iliade en prose.

* Corbin avait traduit la Bible mot à mot.

** La Morlière, méchant poète.

*** Cyrano de Bergerac, auteur du *Voyage de la Lune*.

Qui dans l'impression au grand jour se montrant,
Ne soutient pas des yeux le regard pénétrant *.
On sait de cent auteurs l'aventure tragique :
Et Gombaud tant loué garde encor la boutique.

Écoutez tout le monde, assidu consultant :
Un fat quelquefois ouvre un avis important.
Quelques vers toutefois qu'Apollon vous inspire,
En tous lieux aussitôt ne courez pas les lire.
Gardez-vous d'imiter ce rimeur furieux **
Qui de ses vains écrits lecteur harmonieux,
Aborde en récitant quiconque le salue,
Et poursuit de ses vers les passans dans la rue.
Il n'est temple si saint des anges respecté ***,
Qui soit contre sa muse en un lieu de sûreté.

Je vous l'ai déjà dit, aimez qu'on vous censure,
Et, souple à la raison, corrigez sans murmure.
Mais ne vous rendez pas dès qu'un sot vous reprend.
Souvent dans son orgueil un subtil ignorant
Par d'injustes dégoûts combat toute une pièce,
Blâme des plus beaux vers la noble hardiesse.
On a beau réfuter ses vains raisonnemens,
Son esprit se complaît dans ses faux jugemens ;
Et sa faible raison, de clarté dépourvue,
Pense que rien n'échappe à sa débile vue.
Ses conseils sont à craindre ; et, si vous les croyez,
Pensant fuir un écueil, souvent vous vous noyez.

Faites choix d'un censeur solide et salutaire
Que la raison conduise et le savoir éclaire,

---

* Chapelain.
** Du Perrier.
*** Il récita de ses vers à l'auteur, malgré lui, dans une église.

Et dont le crayon sûr d'abord aille chercher
L'endroit que l'on sent faible et qu'on se veut cacher,
Lui seul éclaircira vos doutes ridicules,
De votre esprit tremblant lèvera les scrupules.
C'est lui qui vous dira par quel transport heureux,
Quelquefois dans sa course un esprit vigoureux,
Trop resserré par l'art, sort des règles prescrites,
Et de l'art même apprend à franchir leurs limites.
Mais ce parfait censeur se trouve rarement.
Tel excelle à rimer qui juge sottement;
Tel s'est fait par ses vers distinguer dans la ville,
Qui jamais de Lucain n'a distingué Virgile.

　　Auteurs, prêtez l'oreille à mes instructions.
Voulez-vous faire aimer vos riches fictions?
Qu'en savantes leçons votre muse fertile,
Par-tout joigne au plaisant le solide et l'utile.
Un lecteur sage fuit un vain amusement,
Et veut mettre à profit son divertissement.

　　Que votre ame et vos mœurs, peintes dans vos ouvrages,
N'offrent jamais de vous que de nobles images.
Je ne puis estimer ces dangereux auteurs
Qui de l'honneur, en vers, infâmes déserteurs,
Trahissant la vertu sur un papier coupable,
Aux yeux de leurs lecteurs rendent le vice aimable.
Je ne suis pas pourtant de ces tristes esprits
Qui, bannissant l'amour de tous chastes écrits,
D'un si riche ornement veulent priver la scène;
Traitent d'empoisonneurs et Rodrigue et Chimène.
L'amour le moins honnête exprimé chastement
N'excite point en nous de honteux mouvement,
Didon a beau gémir et m'étaler ses charmes,
Je condamne sa faute en partageant ses larmes.

Un auteur vertueux, dans ses vers innocens,
Ne corrompt point le cœur en chatouillant les sens :
Son feu n'allume point de criminelle flamme.
Aimez donc la vertu, nourrissez-en votre ame :
En vain l'esprit est plein d'une noble vigueur ;
Le vers se sent toujours des bassesses du cœur.

    Fuyez sur-tout, fuyez ces basses jalousies,
Des vulgaires esprits malignes frénésies :
Un sublime écrivain n'en peut être infecté ;
C'est un vice qui suit la médiocrité.
Du mérite éclatant cette sombre rivale
Contre lui chez les grands incessamment cabale ;
Et, sur les pieds en vain tâchant de se hausser,
Pour s'égaler à lui cherche à le rabaisser.
Ne descendons jamais dans ces lâches intrigues ;
N'allons point à l'honneur par de honteuses brigues.

    Que les vers ne soient pas votre éternel emploi.
Cultivez vos amis, soyez homme de foi :
C'est peu d'être agréable et charmant dans un livre ;
Il faut savoir encore et converser et vivre.

    Travaillez pour la gloire, et qu'un sordide gain
Ne soit jamais l'objet d'un illustre écrivain.
Je sais qu'un noble esprit peut, sans honte et sans crime,
Tirer de son travail un tribut légitime ;
Mais je ne puis souffrir ces auteurs renommés
Qui, dégoûtés de gloire et d'argent affamés,
Mettent leur Apollon aux gages d'un libraire,
Et font d'un art divin un métier mercenaire.

    Avant que la raison, s'expliquant par la voix,
Eût instruit les humains, eût enseigné des lois,
Tous les hommes suivaient la grossière nature,
Dispersés dans les bois couraient à la pâture ;

La force tenait lieu de droit et d'équité ;
Le meurtre s'exerçait avec impunité.
Mais du discours enfin l'harmonieuse adresse
De ces sauvages mœurs adoucit la rudesse,
Rassembla les humains dans les forêts épars,
Enferma les cités de murs et de remparts ;
De l'aspect du supplice effraya l'insolence,
Et sous l'appui des lois mit la faible innocence.
Cet ordre fut, dit-on, le fruit des premiers vers.
De là sont nés ces bruits reçus dans l'univers,
Qu'aux accens dont Orphée emplit les monts de Thrace,
Les tigres amollis dépouillaient leur audace ;
Qu'aux accords d'Amphion les pierres se mouvaient,
Et sur les murs thébains en ordre s'élevaient.
L'harmonie en naissant produisit ces miracles.
Depuis, le ciel en vers fit parler les oracles ;
Du sein d'un prêtre, ému d'une divine horreur,
Apollon par des vers exhala sa fureur.
Bientôt, ressuscitant les héros des vieux âges,
Homère aux grands exploits anima les courages.
Hésiode, à son tour, par d'utiles leçons,
Des champs trop paresseux vint hâter les moissons.
En mille écrits fameux la sagesse tracée
Fut, à l'aide des vers, aux mortels annoncée ;
Et par-tout des esprits ses préceptes vainqueurs,
Introduits par l'oreille, entrèrent dans les cœurs.
Pour tant d'heureux bienfaits les muses révérées
Furent d'un juste encens dans la Grèce honorées ;
Et leur art, attirant le culte des mortels,
A sa gloire en cent lieux vit dresser des autels.
Mais enfin, l'indigence amenant la bassesse,
Le Parnasse oublia sa première noblesse.

Un vil amour du gain infectant les esprits,
De mensonges grossiers souilla tous les écrits :
Et, par-tout enfantant mille ouvrages frivoles,
Trafiqua du discours et vendit les paroles.

Ne vous flétrissez point par un vice si bas.
Si l'or seul a pour vous d'invincibles appas,
Fuyez ces lieux charmans qu'arrose le Permesse.
Ce n'est point sur ses bords qu'habite la richesse.
Aux plus savans auteurs, comme aux plus grands guerriers,
Apollon ne promet qu'un nom et des lauriers.

Mais quoi ! dans la disette une muse affamée
Ne peut pas, dira-t-on, subsister de fumée ;
Un auteur qui, pressé d'un besoin importun,
Le soir entend crier ses entrailles à jeûn,
Goûte peu d'Hélicon les douces promenades :
Horace a bu son saoûl quand il voit les Ménades ;
Et, libre du souci qui trouble Colletet,
N'attend pas pour dîner le succès d'un sonnet.

Il est vrai : mais enfin cette affreuse disgrace
Rarement parmi nous afflige le Parnasse.
Et que craindre en ce siècle, où toujours les beaux arts
D'un astre favorable éprouvent les regards ;
Où d'un prince éclairé la sage prévoyance
Fait par-tout au mérite ignorer l'indigence ?

Muses, dictez sa gloire à tous vos nourrissons,
Son nom vaut mieux pour eux que toutes vos leçons.
Que Corneille pour lui rallumant son audace,
Soit encor le Corneille et du Cid et d'Horace :
Que Racine, enfantant des miracles nouveaux,
De ses héros sur lui forme tous les tableaux :
Que de son nom, chanté par la bouche des belles,
Benserade en tous lieux amuse les ruelles :

Que Segrais dans l'églogue en charme les forêts ;
Que pour lui l'épigramme aiguise tous ses traits.
Mais quel heureux auteur, dans une autre Enéide,
Aux bords du Rhin tremblant conduira cet Alcide ?
Quelle savante lyre au bruit de ses exploits
Fera marcher encor les rochers et les bois ;
Chantera le Batave, éperdu dans l'orage,
Soi-même se noyant pour sortir du naufrage ;
Dira les bataillons sous Mastricht enterrés,
Dans ces affreux assauts du soleil éclairés ?

Mais tandis que je parle, une gloire nouvelle
Vers ce vainqueur rapide aux Alpes vous appelle.
Déjà Dôle et Salins * sous le joug ont ployé ;
Besançon fume encor sous son roc foudroyé.
Où sont ces grands guerriers dont les fatales ligues
Devaient à ce torrent opposer tant de digues ?
Est-ce encore en fuyant qu'ils pensent l'arrêter,
Fiers du honteux honneur d'avoir su l'éviter ?
Que de remparts détruits ! que de villes forcées !
Que de moissons de gloire en courant amassées !

Auteurs, pour le chanter, redoublez vos transports :
Le sujet ne veut pas de vulgaires efforts.
Pour moi, qui, jusqu'ici nourri dans la satire,
N'ose encor manier la trompette et la lyre,
Vous me verrez pourtant, dans ce champ glorieux,
Vous animer du moins de la voix et des yeux ;
Vous offrir ces leçons que ma muse au Parnasse
Rapporta, jeune encor, du commerce d'Horace ;
Seconder votre ardeur, échauffer vos esprits,
Et vous montrer de loin la couronne et le prix.

---

* Places de la Franche-Comté, prises en plein hiver.

Mais aussi pardonnez, si, plein de ce beau zèle,
De tous vos pas fameux observateur fidèle,
Quelquefois du bon or je sépare 'e faux,
Et des auteurs grossiers j'attaque les défauts :
Censeur un peu fâcheux, mais souvent nécessaire,
Plus enclin à blâmer, que savant à bien faire.

LE LUTRIN.

AVIS AU LECTEUR.

Il serait inutile maintenant de nier que le poëme suivant a été composée à l'occasion d'un différend assez léger qui s'émut, dans une des plus célèbres églises de
Paris, entre le trésorier et le chantre. Mais c'est tout ce
qu'il y a de vrai. Le reste, depuis le commencement
jusqu'à la fin, est une pure fiction ; et tous les personnages y sont non-seulement inventés, mais j'ai eu soin
même de les faire d'un caractère directement opposé au
caractère de ceux qui desservent cette église, dont la
plupart, et principalement les chanoines, sont tous gens,
non-seulement d'une fort grande probité, mais de beaucoup d'esprit, et entre lesquels il y en a tel à qui je de-
manderais aussi volontiers son sentiment sur mes ouvrages, qu'à beaucoup de messieurs de l'académie. Il ne
faut donc pas s'étonner si personne n'a été offensé de
l'impression de ce poëme, puisqu'il n'y a en effet personne qui y soit véritablement attaqué. Un prodigue ne
s'avise guère de s'offenser de voir rire d'un avare, ni un
dévot de voir tourner en ridicule un libertin.

Je ne dirai point comment je fus engagé à travailler à
cette bagatelle sur une espèce de défi qui me fut fait en
riant par feu M. le premier président de Lamoignon,
qui est celui que j'y peins sous le nom d'Ariste. Ce détail, à mon avis, n'est pas fort nécessaire. Mais je croi-
rais me faire un trop grand tort si je laissais échapper
cette occasion d'apprendre à ceux qui l'ignorent, que ce
grand personnage, durant sa vie, m'a honoré de son
amitié. Je commençai à le connaître dans le temps que
mes satires faisaient la plus de bruit ; et l'accès obli-

geant qu'il me donna dans son illustre maison fit avan-
tageusement mon apologie contre ceux qui voulaient
m'accuser alors de libertinage et de mauvaises mœurs.
C'était un homme d'un savoir étonnant, et passionné
admirateur de tous les bons livres de l'antiquité ; et c'est
ce qui lui fit plus aisément souffrir mes ouvrages, où
il crut entrevoir quelque goût des anciens. Comme sa
piété était sincère, elle était aussi fort gaie, et n'avait
rien d'embarrassant. Il ne s'effraya point du nom de satire que portaient ces ouvrages, où il ne vit en effet que
des vers et des auteurs attaqués. Il me loua même plusieurs fois d'avoir purgé, pour ainsi dire, ce genre de
poésie de la saleté qui lui avait été jusqu'alors comme
affectée. J'eus donc le bonheur de ne lui être pas désa-
gréable. Il m'appela à tous ses plaisirs et à tous ses di-
vertissemens, c'est-à-dire à ses lectures et à ses promenades. Il me favorisa même quelquefois de sa plus étroite
confidence, et me fit voir à fond son ame entière. Et que
n'y vis-je point ! Quel trésor surprenant de probité et de
justice ! Quel fonds inépuisable de piété et de zèle ! Bien
que sa vertu jetât un fort grand éclat au-dehors, c'é-
tait toute autre chose au-dedans ; et on voyait bien
qu'il avait soin d'en tempérer les rayons, pour ne pas
blesser les yeux d'un siècle aussi corrompu que le nôtre.
Je fus sincèrement épris de tant de qualités admirables ;
et s'il eut beaucoup de bonne volonté pour moi, j'eus
aussi pour lui une très forte attache. Les soins que je lui
rendis ne furent mêlés d'aucune raison d'intérêt mercenaire, et je songeai bien plus à profiter de sa conversa-
tion que de son crédit. Il mourut dans le temps que
cette amitié était en son plus haut point ; et le souvenir
de sa perte m'afflige encore tous les jours. Pourquoi faut-
il que des hommes si dignes de vivre soient sitôt enlevés
du monde, tandis que des misérables et des gens de
rien arrivent à une extrême vieillesse ! Je ne m'étendrai
pas davantage sur un sujet si triste : car je sens bien que
si je continuais à en parler, je ne pourrais m'empêcher
de mouiller peut-être de larmes la préface d'un ouvrage
de pure plaisanterie.

ARGUMENT.

Le Trésorier remplit la première dignité du chapitre dont il est ici parlé, et il officie avec
toutes les marques de l'épiscopat. Le Chantre
remplit la seconde dignité. Il y avait autrefois
dans le chœur, à la place de celui-ci, un
énorme pupitre ou lutrin, qui le couvrait
presque tout entier. Il le fit ôter. Le Trésorier
voulut le faire remettre. De là arriva une dispute qui fait le sujet de ce poëme.

LE LUTRIN,

POËME HÉROÏ-COMIQUE.

CHANT PREMIER.

Je chante les combats, et ce prélat terrible
Qui par ses longs travaux et sa force invincible,
Dans une illustre église exerçant son grand cœur,
Fit placer à la fin un lutrin dans le chœur.
C'est en vain que le chantre, abusant d'un faux titre,
Deux fois l'en fit ôter par les mains du chapitre :
Ce prélat, sur le banc de son rival altier
Deux fois le reportant, l'en couvrit tout entier.
   Muse, redis-moi donc quelle ardeur de vengeance
De ces hommes sacrés rompit l'intelligence,
Et troubla si long-temps deux célèbres rivaux.
Tant de fiel entre t-il dans l'ame des dévots !
   Et toi, fameux héros *, dont la sage entremise
De ce schisme naissant débarrassa l'Eglise,
Viens d'un regard heureux animer mon projet,
Et garde-toi de rire en ce grave sujet.

   Parmi les doux plaisirs d'une paix fraternelle
Paris voyait fleurir son antique chapelle :

---

* M. le premier président de Lamoignon.

Ses chanoines vermeils et brillans de santé,
S'engraissaient d'une longue et sainte oisiveté ;
Sans sortir de leurs lits, plus doux que leurs hermines,
Ces pieux fainéans faisaient chanter matines ;
Veillaient à bien dîner, et laissaient en leur lieu
A des chantres gagés le soin de louer Dieu :
Quand la Discorde, encor toute noire de crimes,
Sortant des Cordeliers pour aller aux Minimes *,
Avec cet air hideux qui fait frémir la Paix,
S'arrêta près d'un arbre au pied de son palais.
Là, d'un œil attentif contemplant son empire,
A l'aspect du tumulte elle-même s'admire.
Elle y voit par le coche et d'Evreux et du Mans
Accourir à grands flots ses fidèles Normands :
Elle y voit aborder le marquis, la comtesse,
Le bourgeois, le manant, le clergé, la noblesse ;
Et par-tout des plaideurs les escadrons épars
Faire autour de Thémis flotter ses étendards.
Mais une église seule, à ses yeux immobile,
Garde au sein du tumulte une assiette tranquille ;
Elle seule la brave ; elle seule aux procès
De ses paisibles murs veut défendre l'accès.
La Discorde, à l'aspect d'un calme qui l'offense,
Fait siffler ses serpens, s'excite à la vengeance :
Sa bouche se remplit d'un poison odieux,
Et de longs traits de feu lui sortent par les yeux.
Quoi ! dit-elle, d'un ton qui fait trembler les vitres,
J'aurai pu jusqu'ici brouiller tous les chapitres,

---

* Il y eut de grandes brouilleries dans ces deux couvents, à l'occasion de quelques supérieurs qu'on y voulait élire.

Diviser Cordeliers , Carmes et Célestins ;
J'aurai fait soutenir un siége aux Augustins ;
Et cette église seule , à mes ordres rebelle ,
Nourrira dans son sein une paix éternelle !
Suis-je donc la Discorde ? et , parmi les mortels ,
Qui voudra désormais encenser mes autels * ?

A ces mots , d'un bonnet couvrant sa tête énorme ,
Elle prend d'un vieux chantre et la taille et la forme :
Elle peint de bourgeons son visage guerrier ,
Et s'en va de ce pas trouver le trésorier.

Dans le réduit obscur d'une alcove enfoncée
S'élève un lit de plume à grands frais amassée :
Quatre rideaux pompeux , par un double contour ,
En défendent l'entrée à la clarté du jour.
Là , parmi les douceurs d'un tranquille silence ,
Règne sur le duvet une heureuse indolence :
C'est là que le prélat , muni d'un déjeûner ,
Dormant d'un léger somme , attendait le dîner.
La jeunesse en sa fleur brille sur son visage :
Son menton sur son sein descend à double étage ;
Et son corps ramassé dans sa courte grosseur ,
Fait gémir les coussins sous sa molle épaisseur.

La déesse, en entrant , qui voit la nappe mise ,
Admire un si bel ordre et reconnaît l'Église ;
Et , marchant à grands pas vers le lieu du repos ,
Au prélat sommeillant elle adresse ces mots :

« Tu dors, Prélat, tu dors , et là-haut à ta place
Le chantre aux yeux du chœur étale son audace,
Chante les OREMUS , fait des processions ,
Et répand à grands flots les bénédictions.

---

* Virgile , Enéide , liv. I, v. 52.

Tu dors ! Attends tu donc que , sans bulle et sans titre
Il te ravisse encor le rochet et la mitre?
Sors de ce lit oiseux qui te tient attaché ,
Et renonce au repos ou bien à l'évêché. »

   Elle dit , et , du vent de sa bouche profane ,
Lui souffle avec ces mots l'ardeur de la chicane.
Le prélat se réveille , et , plein d'émotion ,
Lui donne toutefois la bénédiction.

   Tel qu'on voit un taureau qu'une guêpe en furie
A piqué dans les flancs aux dépens de sa vie ;
Le superbe animal, agité de tourmens ,
Exhale sa douleur en longs mugissemens :
Tel le fougueux prélat , que ce songe épouvante ,
Querelle en se levant et laquais et servante ;
Et d'un juste courroux rallumant sa vigueur ,
Même avant le dîner parle d'aller au chœur.
Le prudent Gilotin , son aumônier fidèle ,
En vain par ses conseils sagement le rappelle ;
Lui montre le péril ; que midi va sonner ;
Qu'il va faire , s'il sort , refroidir le dîner.

   Quelle fureur , dit-il , quel aveugle caprice ,
Quand le dîner est prêt vous appelle à l'office ?
De votre dignité soutenez mieux l'éclat :
Est-ce pour travailler que vous êtes prélat ?
A quoi bon ce dégoût et ce zèle inutile ?
Est-il donc pour jeûner quatre-temps ou vigile ?
Reprenez vos esprits , et souvenez-vous bien
Qu'un dîner réchauffé ne valut jamais rien.

   Ainsi dit Gilotin ; et ce ministre sage
Sur table au même instant fait servir le potage.
Le prélat voit la coupe , et , plein d'un saint respect ,
Demeure quelque temps muet à son aspect.

Il cède, il dîne enfin ; mais, toujours plus farouche ,
Les morceaux trop hâtés se pressent dans sa bouche.
Gilotin en frémit, et , sortant de fureur ,
Chez tous ses partisans va semer la terreur.
On voit courir chez lui leurs troupes éperdues ,
Comme l on voit marcher des bataillons de grues* ,
Quand le Pygmée altier , redoublant ses efforts ,
De l'Hèbre ₓ ou du Strymon ₓₓ vient d'occuper les bords.
A l'aspect imprévu de leur foule agréable ,
Le prélat radouci veut se lever de table :
La couleur lui renaît, sa voix change de ton ;
Il fait par Gilotin rapporter un jambon.
Lui-même , le premier, pour honorer la troupe,
D'un vin pur et vermeil il fait remplir sa coupe ;
Il l'avale d'un trait : et , chacun l'imitant ,
La cruche au large ventre est vide en un instant.
Sitôt que du nectar la troupe est abreuvée ,
On dessert : et soudain , la nappe étant levée,
Le prélat , d'une voix conforme à son malheur ,
Leur confie en ces mots sa trop juste douleur :
    Illustres compagnons de mes longues fatigues ,
Qui m'avez soutenu par vos pieuses ligues ,
Et par qui, maître enfin d'un chapitre insensé,
Seul à MAGNIFICAT je me vois encensé ;
Souffrirez-vous toujours qu'un orgueilleux m'outrage ,
Que le Chantre à vos yeux détruise votre ouvrage,
Usurpe tous mes droits ; et s'égalant à moi ,
Donne à votre lutrin et le ton et la loi ?

---

* Homère , Iliade , liv. III , v. 6.
ₓ Fleuve de Thrace.
ₓₓ Fleuve de l'ancienne Thrace.

2.   7

Ce matin même encor, ce n'est point un mensonge,
Une divinité me l'a fait voir en songe :
L'insolent s'emparant du fruit de mes travaux,
A prononcé pour moi le BENEDICAT VOS !
Oui, pour mieux m'égorger, il prend mes propres armes.

Le prélat à ces mots verse un torrent de larmes.
Il veut, mais vainement, poursuivre son discours ;
Ses sanglots redoublés en arrêtent le cours.
Le zélé Gilotin, qui prend part à sa gloire,
Pour lui rendre la voix fait rapporter à boire :
Quand Sidrac, à qui l'âge alonge le chemin,
Arrive dans la chambre, un bâton à la main.
Ce vieillard dans le chœur a déjà vu quatre âges :
Il sait de tous les temps les différens usages :
Et son rare savoir, de simple marguillier *,
L'éleva par degrés au rang de chevecier **.
A l'aspect du prélat qui tombe en défaillance,
Il devine son mal, il se ride, il s'avance ;
Et d'un ton paternel réprimant ses douleurs :

Laisse au chantre, dit-il, la tristesse et les pleurs,
Prélat ; et, pour sauver tes droits et ton empire,
Ecoute seulement ce que le ciel m'inspire :
Vers cet endroit du chœur où le chantre orgueilleux
Montre, assis à ta gauche, un front si sourcilleux,
Sur ce rang d'ais serrés qui forment sa clôture
Fut jadis un lutrin d'inégale structure,
Dont les flancs élargis, de leur vaste contour
Ombrageaient pleinement tous les lieux d'alentour.

* C'est celui qui a soin des reliques.
** C'est celui qui a soin des chapes et de la cire.

Derrière ce lutrin, ainsi qu'au fond d'un antre,
A peine sur son banc on discernait le chantre :
Tandis qu'à l'autre banc le prélat radieux,
Découvert au grand jour, attirait tous les yeux.
Mais un démon, fatal à cette ample machine,
Soit qu'une main la nuit eût hâté sa ruine,
Soit qu'ainsi de tout temps l'ordonnât le destin,
Fit tomber à nos yeux le pupitre un matin.
J'eus beau prendre le ciel et le chantre à partie,
Il fallut l'emporter dans notre sacristie,
Où depuis trente hivers, sans gloire enseveli,
Il languit tout poudreux dans un honteux oubli.
Entends-moi donc, Prélat. Dès que l'ombre tranquille
Viendra d'un crêpe noir envelopper la ville,
Il faut que trois de nous, sans tumulte et sans bruit,
Partent à la faveur de la naissante nuit,
Et du lutrin rompu réunissant la masse,
Aillent d'un zèle adroit le remettre en sa place.
Si le chantre demain ose le renverser,
Alors de cent arrêts tu le peux terrasser.
Pour soutenir tes droits, que le ciel autorise,
Abîme tout plutôt : c'est l'esprit de l'Eglise ;
C'est par-là qu'un prélat signale sa vigueur.
Ne borne pas ta gloire à prier dans un chœur :
Ces vertus dans Aleth peuvent être en usage ;
Mais dans Paris plaidons ; c'est là notre partage.
Tes bénédictions dans le trouble croissant,
Tu pourras les répandre et par vingt et par cent ;
Et, pour braver le chantre en son orgueil extrême,
Les répandre à ses yeux et le bénir lui-même.
Ce discours aussitôt frappe tous les esprits ;
Et le prélat charmé l'approuve par des cris.

Il veut que, sur-le-champ, dans la troupe on choisisse
Les trois que Dieu destine à ce pieux office.
Mais chacun prétend part à cet illustre emploi.
Le sort, dit le prélat, vous servira de loi *,
Que l'on tire au billet ceux que l'on doit élire.
Il dit, on obéit, on se presse d'écrire.
Aussitôt trente noms, sur le papier tracés,
Sont au fond d'un bonnet par billets entassés.
Pour tirer ces billets avec moins d'artifice,
Guillaume, enfant de chœur, prête sa main novice;
Son front nouveau tondu, symbole de candeur,
Rougit, en approchant, d'une honnête pudeur.
Cependant le prélat, l'œil au ciel, la main nue,
Bénit trois fois les noms et trois fois les remue.
Il tourne le bonnet : l'enfant tire ; et Brontin
Est le premier des noms qu'apporte le destin.
Le prélat en conçoit un favorable augure,
Et ce nom dans la troupe excite un doux murmure.
On se tait ; et bientôt on voit paraître au jour
Le nom, le fameux nom du perruquier l'Amour.
Ce nouvel Adonis, à la blonde crinière,
Est l'unique souci d'Anne sa perruquière :
Ils s'adorent l'un l'autre : et ce couple charmant
S'unit long-temps, dit-on, avant le sacrement :
Mais, depuis trois moissons, à leur saint assemblage
L'official a joint le nom de mariage.
Ce perruquier superbe est l'effroi du quartier,
Et son courage est peint sur son visage altier.
Un des noms reste encor, et le prélat par grâce
Une dernière fois les brouille et les ressasse.

---

* Homère, Illiade, liv. VII, v. 171.

Chacun croit que son nom est le dernier des trois.
Mais que ne dis-tu point, ô puissant porte-croix,
Boirude, sacristain, cher appui de ton maître,
Lorsqu'aux yeux du prélat tu vis ton nom paraître !
On dit que ton front jaune, et ton teint sans couleur
Perdit en ce moment son antique pâleur ;
Et que ton corps goutteux, plein d'une ardeur guerrière,
Pour sauter au plancher fit deux pas en arrière.
Chacun bénit tout haut l'arbitre des humains,
Qui remet leur bon droit en de si bonnes mains.
Aussitôt on se lève, et l'assemblée en foule,
Avec un bruit confus par les portes s'écoule.

   Le prélat resté seul calme un peu son dépit
Et jusques au souper se couche et s'assoupit.

5*

CHANT SECOND.

CEPENDANT cet oiseau qui prône les merveilles *,
Ce monstre composé de bouches et d'oreilles,
Qui, sans cesse volant de climats en climats,
Dit par-tout ce qu'il sait et ce qu'il ne sait pas.
La Renommée enfin, cette prompte courrière,
Va d'un mortel effroi glacer la perruquière;
Lui dit que son époux, d'un faux zèle conduit,
Pour placer un lutrin doit veiller cette nuit.
  A ce triste récit, tremblante, désolée,
Elle accourt, l'œil en feu, la tête échevelée,
Et trop sûre d'un mal qu'on pense lui céler:
  Oses-tu bien encor, traître, dissimuler ** ?
Dit-elle; et ni la foi que ta main m'a donnée,
Ni nos embrassemens qu'a suivis l'hyménée,
Ni ton épouse enfin toute prête à périr,
Ne sauraient donc t'ôter cette ardeur de courir!
Perfide! si du moins, à ton devoir fidèle,
Tu veillais pour orner quelque tête nouvelle!
L'espoir d'un juste gain consolant ma langueur
Pourrait de ton absence adoucir la longueur.
Mais quel zèle indiscret, quelle aveugle entreprise
Arme aujourd'hui ton bras en faveur d'une église?
Où vas-tu, cher époux? est-ce que tu me fuis?
As-tu donc oublié tant de si douces nuits?

---

* Enéide, liv. IV, v. 173.
** Enéide, liv. IV, v. 305.

Quoi ! d'un œil sans pitié vois-tu couler mes larmes !
Au nom de nos baisers jadis si pleins de charmes,
Si mon cœur, de tout temps facile à tes désirs,
N'a jamais d'un moment différé tes plaisirs ;
Si, pour te prodiguer mes plus tendres caresses,
Je n'ai point exigé ni sermens ni promesses ;
Si toi seul en mon lit enfin eus toujours part ;
Diffère au moins d'un jour ce funeste départ.

　　En achevant ces mots, cette amante enflammée
Sur un placet voisin tombe demi-pâmée.
Son époux s'en émeut, et son cœur éperdu
Entre deux passions demeure suspendu ;
Mais enfin rappelant son audace première :

　　Ma femme, lui dit-il d'une voix douce et fière ;
Je ne veux point nier les solides bienfaits
Dont ton amour prodigue a comblé mes souhaits ;
Et le Rhin de ses flots ira grossir la Loire
Avant que tes faveurs sortent de ma mémoire.
Mais ne présume pas qu'en te donnant ma foi
L'hymen m'ait pour jamais asservi sous ta loi :
Si le ciel en mes mains eût mis ma destinée,
Nous aurions fui tous deux le joug de l'hyménée,
Et, sans nous opposer ces devoirs prétendus,
Nous goûterions encor des plaisirs défendus.
Cesse donc à mes yeux d'étaler un vain titre :
Ne m'ôte pas l'honneur d'élever un pupitre ;
Et toi-même, donnant un frein à tes désirs,
Raffermis ma vertu qu'ébranlent tes soupirs.
Que te dirai-je enfin ? c'est le ciel qui m'appelle.
Une église, un prélat m'engage en sa querelle.
Il faut partir : j'y cours. Dissipe tes douleurs,
Et ne me trouble plus par ces indignes pleurs.

Il la quitte à ces mots. Son amante effarée
Demeure le teint pâle, et la vue égarée :
La force l'abandonne ; et sa bouche, trois fois
Voulant le rappeler, ne trouve plus de voix.
Elle fuit, et de pleurs inondant son visage,
Seule pour s'enfermer vole au cinquième étage.
Mais, d'un bouge prochain accourant à ce bruit,
Sa servante Alizon la rattrape et la suit.
    Les ombres cependant, sur la ville épandues,
Du faîte des maisons descendent dans les rues *,
Le souper hors du chœur chasse les chapelains,
Et de chantres buvans les cabarets sont pleins.
Le redouté Brontin, que son devoir éveille,
Sort à l'instant, chargé d'une triple bouteille
D'un vin dont Gilotin, qui savait tout prévoir,
Au sortir du conseil eut soin de le pourvoir.
L'odeur d'un jus si doux lui rend le faix moins rude.
Il est bientôt suivi du sacristain Boirude ;
Et tous deux, de ce pas, s'en vont avec chaleur
Du trop lent perruquier réveiller la valeur.
Partons, lui dit Brontin : déjà le jour plus sombre,
Dans les eaux s'éteignant, va faire place à l'ombre.
D'où vient ce noir chagrin que je lis dans tes yeux ?
Quoi ! le pardon sonnant te retrouve en ces lieux !
Où donc est ce grand cœur dont tantôt l'allégresse
Semblait du jour trop long accuser la paresse ?
Marche, et suis-nous du moins où l'honneur nous attend.
    Le perruquier honteux rougit en l'écoutant.
Aussitôt de longs clous il prend une poignée :
Sur son épaule il charge une lourde coignée ;

---

* Virgile, églog. I, v. 83.

Et derrière son dos, qui tremble sous le poids,
Il attache une scie en forme de carquois :
Il sort au même instant, il se met à leur tête.
A suivre ce grand chef l'un et l'autre s'apprête,
Leur cœur semble allumé d'un zèle tout nouveau :
Brontin tient un maillet, et Boirude un marteau.
La lune, qui du ciel voit leur démarche altière,
Retire en leur faveur sa paisible lumière :
La Discorde en sourit, et, les suivant des yeux,
De joie, en les voyant, pousse un cri dans les cieux.
L'air qui gémit du cri de l'horrible déesse,
Va jusque dans Citeaux réveiller la Mollesse.
C'est là qu'en un dortoir elle fait son séjour :
Les Plaisirs nonchalans folâtrent alentour,
L'un pétrit dans un coin l'embonpoint des chanoines;
L'autre broie en riant le vermillon des moines :
La Volupté la sert avec des yeux dévots,
Et toujours le Sommeil lui verse des pavots.
Ce soir, plus que jamais, en vain il les redouble.
La Mollesse à ce bruit se réveille, se trouble :
Quand la Nuit, qui déjà va tout envelopper,
D'un funeste récit vient encor la frapper;
Lui conte du prélat l'entreprise nouvelle :
Aux pieds des murs sacrés d'une sainte chapelle,
Elle a vu trois guerriers, ennemis de la paix,
Marcher à la faveur de ses voiles épais :
La Discorde en ces lieux menace de s'accroître;
Demain avec l'aurore un lutrin va paroître,
Qui doit y soulever un peuple de mutins.
Ainsi le ciel l'écrit au livre des destins.
  A ce triste discours, qu'un long soupir achève,
La Mollesse, en pleurant, sur un bras se relève,

Ouvre un œil languissant, et d'une faible voix
Laisse tomber ces mots qu'elle interrompt vingt fois :
O Nuit ! que m'as-tu dit ? quel démon sur la terre
Souffle dans tous les cœurs la fatigue et la guerre ?
Hélas ! qu'est devenu ce temps, cet heureux temps,
Où les rois s'honoraient du nom de fainéans,
S'endormaient sur le trône, et, me servant sans honte,
Laissaient leur sceptre aux mains ou d'un maire ou d'un
    comte ?
Aucun soin n'approchait de leur paisible cour :
On reposait la nuit, on dormait tout le jour.
Seulement au printemps, quand Flore dans les plaines
Faisait taire des vents les bruyantes haleines,
Quatre bœufs attelés, d'un pas tranquille et lent,
Promenaient dans Paris le monarque indolent.
Ce doux siècle n'est plus. Le ciel impitoyable
A placé sur le trône un prince infatigable.
Il brave mes douceurs, il est sourd à ma voix :
Tous les jours il m'éveille au bruit de ses exploits.
Rien ne peut arrêter sa vigilante audace :
L'été n'a point de feux, l'hiver n'a point de glace.
J'entends à son seul nom tous mes sujets frémir.
En vain deux fois la paix a voulu l'endormir;
Loin de moi son courage, entraîné par la gloire,
Ne se plaît qu'à courir de victoire en victoire.
Je me fatiguerais à te tracer le cours
Des outrages cruels qu'il me fait tous les jours.
Je croyais, loin des lieux d'où ce prince m'exile,
Que l'Eglise du moins m'assurait un asile.
Mais en vain j'espérais y régner sans effroi :
Moines, abbés, prieurs, tout s'arme contre moi.

Par mon exil honteux la Trape * est ennoblie ;
J'ai vu dans Saint Denis la réforme établie ;
Le Carme, le Feuillant, s'endurcit aux travaux ;
Et la règle déjà se remet dans Clairvaux.
Cîteaux dormait encore, et la sainte Chapelle
Conservait du vieux temps l'oisiveté fidelle :
Et voici qu'un lutrin, prêt à tout renverser,
D'un séjour si chéri vient encor me chasser !
O toi, de mon repos compagne aimable et sombre,
A de si noirs forfaits prêteras-tu ton ombre ?
Ah ! Nuit, si tant de fois, dans les bras de l'amour,
Je t'admis aux plaisirs que je cachais au jour,
Du moins ne permets pas..... La Mollesse oppressée
Dans sa bouche à ce mot sent sa langue glacée ;
Et, lasse de parler, succombant sous l'effort,
Soupire, étend les bras, ferme l'œil et s'endort.

---

* Abbaye de Saint Bernard, dans laquelle l'abbé Armand de
Bouthilier de Rancé a mis la réforme.

CHANT TROISIÈME.

Mais la Nuit aussitôt de ses ailes affreuses
Couvre des Bourguignons les campagnes vineuses,
Revole vers Paris, et hâtant son retour,
Déjà de Montlhéri voit la fameuse tour *.
Ses murs, dont le sommet se dérobe à la vue,
Sur la cîme d'un roc s'alongent dans la nue,
Et, présentant de loin leur objet ennuyeux,
Du passant qui le fuit semblent suivre les yeux.
Mille oiseaux effrayans, mille corbeaux funèbres,
De ces murs désertés habitent les ténèbres.
Là, depuis trente hivers, un hibou retiré
Trouvait contre le jour un refuge assuré.
Des désastres fameux ce messager fidèle
Sait toujours des malheurs la première nouvelle,
Et, tout prêt d'en semer le présage odieux,
Il attendait la Nuit dans ces sauvages lieux.
Aux cris qu'à son accord vers le ciel il envoie,
Il rend tous ses voisins attristés de sa joie.
La plaintive Progné de douleur en frémit;
Et, dans les bois prochains, Philomèle en gémit.
Suis-moi, lui dit la Nuit. L'oiseau plein d'allégresse
Reconnaît à ce ton la voix de sa maîtresse.
Il la suit; et tous deux, d'un cours précipité,
De Paris à l'instant abordent la cité;

---

* Tour très-haute, à cinq lieues de Paris, sur le chemin d'Orléans.

Là, s'élançant d'un vol que le vent favorise,
Ils montent au sommet de la fatale Église.
La Nuit baisse la vûe, et, du haut du clocher,
Observe les guerriers, les regarde marcher.
Elle voit le barbier qui, d'une main légère,
Tient un verre de vin, qui rit dans la fougère;
Et chacun, tour-à-tour s'inondant de ce jus,
Célébrer, en buvant, Gilotin et Bacchus.
Ils triomphent, dit-elle, et leur ame abusée
Se promet dans mon ombre une victoire aisée:
Mais allons; il est temps qu'ils connaissent la Nuit.
A ces mots, regardant le hibou qui la suit,
Elle perce les murs de la voûte sacrée;
Jusqu'en la sacristie elle s'ouvre une entrée,
Et, dans le ventre creux du pupitre fatal,
Va placer de ce pas le sinistre animal.

Mais les trois champions, pleins de vin et d'audace,
Du palais cependant passent la grande place;
Et, suivant de Bacchus les auspices sacrés,
De l'auguste chapelle ils montent les degrés.
Ils atteignaient déjà le superbe portique
Où Ribou le libraire, au fond de sa boutique,
Sous vingt fidèles clefs, garde et tient en dépôt
L'amas toujours entier des écrits de Haynaut:
Quand Boirude, qui voit que le péril approche,
Les arrête, et, tirant un fusil de sa poche,
Des veines d'un caillou *, qu'il frappe au même instant,
Il fait jaillir un feu qui pétille en sortant;
Et bientôt, au brasier d'une mèche enflammée,
Montre, à l'aide du soufre, une cire allumée.

* Virgile, Géorg. liv. I, v. 135; et Énéide, liv. I, v. 178.

2. 8

Cet astre temblottant, dont le jour les conduit,
Est pour eux un soleil au milieu de la nuit.
Le temple à sa faveur est ouvert par Boirude :
Ils passent de la nef la vaste solitude,
Et dans la sacristie entrant, non sans terreur,
En percent jusqu'au fond la ténébreuse horreur.
C'est là que du lutrin gît la machine énorme :
La troupe quelque temps en admire la forme.
Mais le barbier, qui tient les momens précieux :
Ce spectacle n'est pas pour amuser nos yeux,
Dit-il : le temps est cher, portons-le dans le temple;
C'est là qu'il faut demain qu'un prélat le contemple;
Et d'un bras, à ces mots, qui peut tout ébranler,
Lui-même, se courbant, s'apprête à le rouler.
Mais à peine il y touche *, ô prodige incroyable !
Que du pupitre sort une voix effroyable.
Bron tin en est ému; le sacristain pâlit;
Le perruquier commence à regretter son lit.
Dans son hardi projet toutefois il s'obstine :
Lorsque des flancs poudreux de la vaste machine
L'oiseau sort en courroux, et, d'un cri menaçant,
Achève d'étonner le barbier frémissant :
De ses ailes dans l'air secouant la poussière,
Dans la main de Boirude il éteint la lumière.
Les guerriers à ce coup demeurent confondus;
Ils regagnent la nef, de frayeur éperdus :
Sous leurs corps tremblotans leurs genoux s'affaiblissent
D'une subite horreur leurs cheveux se hérissent;
Et bientôt, au travers des ombres de la nuit,
Le timide escadron se dissipe et s'enfuit.

_____

* Enéide, liv. III, vers 39.

Ainsi lorsqu'en un coin, qui leur tient lieu d'asile,
D'écoliers libertins une troupe indocile,
Loin des yeux d'un préfet au travail assidu,
Va tenir quelquefois un brelan défendu :
Si du vaillant Argus la figure effrayante
Dans l'ardeur du plaisir à leurs yeux se présente,
Le jeu cesse à l'instant, l'asile est déserté,
Et tout fuit à grands pas le tyran redouté.

La Discorde, qui voit leur honteuse disgrace,
Dans les airs cependant tonne, éclate, menace ;
Et, malgré la frayeur dont leurs cœurs sont glacés,
S'apprête à réunir ses soldats dispersés.
Aussitôt de Sidrac elle emprunte l'image :
Elle ride son front, alonge son visage,
Sur un bâton noueux laisse courber son corps,
Dont la chicane semble animer les ressorts ;
Prend un cierge en sa main, et, d'une voix cassée,
Vient ainsi gourmander la troupe terrassée :

Lâches, où fuyez-vous ? quelle peur vous abat ?
Aux cris d'un vil oiseau vous cédez sans combat !
Où sont ces beaux discours jadis si pleins d'audace ?
Craignez-vous d'un hibou l'impuissante grimace ?
Que feriez-vous, hélas ! si quelque exploit nouveau
Chaque jour, comme moi, vous traînait au barreau ;
S'il fallait, sans amis, briguant une audience,
D'un magistrat glacé soutenir la présence,
Ou d'un nouveau procès hardi solliciter,
Aborder sans argent un clerc de rapporteur ?
Croyez-moi, mes enfans, je vous parle à bon titre :
J'ai moi seul autrefois plaidé tout un chapitre ;
Et le barreau n'a point de monstres si hagards,
Dont mon œil n'ait cent fois soutenu les regards,

Tous les jours sans trembler j'assiégeais leurs passages.
L'Eglise était alors fertile en grands courages :
Le moindre d'entre nous, sans argent, sans appui,
Eût plaidé le prélat, et le chantre avec lui.
Le monde, de qui l'âge avance les ruines,
Ne peut plus enfanter de ces ames divines * :
Mais que vos cœurs, du moins, imitant leurs vertus,
De l'aspect d'un hibou ne soient pas abattus.
Songez quel déshonneur va souiller votre gloire,
Quand le chantre demain entendra sa victoire.
Vous verrez tous les jours le chanoine insolent,
Au seul mot de hibou, vous sourire en parlant.
Votre ame, à ce penser, de colère murmure :
Allez donc de ce pas en prévenir l'injure ;
Méritez les lauriers qui vous sont réservés,
Et ressouvenez-vous quel prélat vous servez.
Mais déjà la fureur dans vos yeux étincelle :
Marchez, courez, volez où l'honneur vous appelle.
Que le prélat, surpris d'un changement si prompt,
Apprenne la vengeance aussitôt que l'affront.
    En achevant ces mots, la déesse guerrière
De son pied trace en l'air un sillon de lumière ;
Rend aux trois champions leur intrépidité,
Et les laisse tout pleins de sa divinité.
    C'est ainsi, grand Condé, qu'en ce combat célèbre**
Où ton bras fit trembler le Rhin, l'Escaut et l'Ebre,
Lorsqu'aux plaines de Lens nos bataillons poussés
Furent presque à tes yeux ouverts et renversés ,

* Illiade, liv. I. Discours de Nector.
** En 1648,

Ta valeur, arrêtant les troupes fugitives,
Rallia d'un regard leurs cohortes craintives ;
Répandit dans leurs rangs ton esprit belliqueux,
Et força la victoire à te suivre avec eux.
  La colère à l'instant succédant à la crainte,
Ils rallument le feu de leur bougie éteinte :
Ils rentrent ; l'oiseau sort : l'escadron raffermi
Rit du honteux départ d'un si faible ennemi.
Aussitôt dans le chœur la machine emportée
Est sur le banc du chantre à grand bruit remontée.
Ses ais demi-pourris, que l'âge a relâchés,
Sont à coups de maillet unis et rapprochés.
Sous les coups redoublés tous les bancs retentissent ;
Les murs en sont émus, les voûtes en mugissent,
Et l'orgue même en pousse un long gémissement.
  Que fais-tu, chantre, hélas ! dans ce triste moment ?
Tu dors d'un profond somme, et ton cœur sans alarmes
Ne sait pas qu'on bâtit l'instrument de tes larmes !
Oh ! que si quelque bruit, par un heureux réveil,
T'annonçait du lutrin le funeste appareil ;
Avant que de souffrir qu'on en posât la masse,
Tu viendrais en apôtre expirer dans ta place ;
Et martyr glorieux d'un point d'honneur nouveau,
Offrir ton corps aux clous et ta tête au marteau.
  Mais déjà sur ton banc la machine enclavée
Est, durant ton sommeil, à ta honte élevée.
Le sacristain achève en deux coups de rabot :
Et le pupitre enfin tourne sur son pivot.

CHANT QUATRIÈME.

LES cloches, dans les airs, de leurs voix argentines,
Appelaient à grand bruit les chantres à matines ;
Quand leur chef *, agité d'un sommeil effrayant,
Encor tout en sueur, se réveille en criant.
Aux élans redoublés de sa voix douloureuse,
Tous ses valets tremblans quittent la plume oiseuse :
Le vigilant Girot court à lui le premier.
C'est d'un maître si saint le plus digne officier ;
La porte dans le chœur à sa garde est commise :
Valet souple au logis, fier huissier à l'église.

   Quel chagrin, lui dit-il, trouble votre sommeil ?
Quoi ! voulez-vous au chœur prévenir le soleil ?
Ah ! dormez, et laissez à ces chantres vulgaires
Le soin d'aller sitôt mériter leurs salaires.

   Ami, lui dit le chantre encor pâle d'horreur,
N'insulte point, de grâce, à ma juste terreur :
Mêle plutôt ici tes soupirs à mes plaintes,
Et tremble en écoutant le sujet de mes craintes.
Pour la seconde fois un sommeil gracieux
Avait sous ses pavots appesanti mes yeux :
Quand, l'esprit enivré d'une douce fumée,
J'ai cru remplir au chœur ma place accoutumée.
Là, triomphant aux yeux des chantres impuissans,
Je bénissais le peuple et j'avalais l'encens :

---

* Le chantre.

Lorsque du fond caché de notre sacristie
Une épaisse nuée à longs flots est sortie ;
Qui, s'ouvrant à mes yeux, dans son bleuâtre éclat,
M'a fait voir un serpent conduit par le prélat.
Du corps de ce dragon, plein de soufre et de nitre,
Une tête sortait en forme de pupitre,
Dont le triangle affreux, tout hérissé de crins,
Surpassait en grosseur nos plus épais lutrins.
Animé par son guide, en sifflant il s'avance :
Contre moi sur mon banc je le vois qui s'élance.
J'ai crié, mais en vain ; et, fuyant sa fureur,
Je me suis réveillé plein de trouble et d'horreur.
     Le chantre, s'arrêtant à cet endroit funeste,
À ses yeux effrayés laisse dire le reste.
Girot en vain l'assure, et, riant de sa peur,
Nomme sa vision l'effet d'une vapeur :
Le désolé vieillard, qui hait la raillerie,
Lui défend de parler, sort du lit en furie.
On apporte à l'instant ses somptueux habits,
Où sur l'ouate molle éclate le tabis.
D'une longue soutane il endosse la moire,
Prend ses gants violets, les marques de sa gloire ;
Et saisit, en pleurant, ce rochet qu'autrefois
Le prélat trop jaloux lui rogna de trois doigts.
Aussitôt, d'un bonnet ornant sa tête grise,
Déjà l'aumuce en main il marche vers l'église ;
Et, hâtant de ses ans l'importune langueur,
Court, vole, et, le premier, arrive dans le chœur.
     O toi qui, sur ces bords qu'une eau dormante mouille,
Vis combattre autrefois le rat et la grenouille * ;

---

* Homère a fait le poème de la Guerre des Rats et des Gre-
nouilles.

Qui, par les traits hardis d'un bizarre pinceau,
Mis l'Italie en feu pour la perte d'un seau.**,
Muse, prête à ma bouche une voix plus sauvage,
Pour chanter le dépit, la colère, la rage,
Que le chantre sentit allumer dans son sang,
A l'aspect du pupitre élevé sur son banc.
D'abord pâle et muet, de colère immobile,
A force de douleur il demeura tranquille;
Mais sa voix s'échappant aux travers des sanglots,
Dans sa bouche à la fin fit passage à ces mots:
La voilà donc, Girot, cette hydre épouvantable
Que m'a fait voir un songe, hélas! trop véritable,
Je le vois ce dragon tout prêt à m'égorger!
Ce pupitre fatal qui me doit ombrager!
Prélat, que t'ai-je fait? quelle rage envieuse
Rend pour me tourmenter ton ame ingénieuse?
Quoi! même dans ton lit, cruel, entre deux draps,
Ta profane fureur ne se repose pas!
O ciel! quoi! sur mon banc une honteuse masse
Désormais me va faire un cachot de ma place!
Inconnu dans l'église, ignoré dans ce lieu,
Je ne pourrai donc plus être vu que de Dieu!
Ah! plutôt qu'un moment cet affront m'obscurcisse,
Renonçons à l'autel, abandonnons l'office;
Et sans lasser le ciel par des soins superflus,
Ne voyons plus un chœur où l'on ne nous voit plus.
Sortons... Mais cependant mon ennemi tranquille
Jouira sur son banc de ma rage inutile,
Et verra dans le chœur le pupitre exhaussé
Tourner sur le pivot où sa main l'a placé!

---

* LA SECCHIA RAPITA, poëme italien.

Non, s'il n'est abattu, je ne saurais plus vivre.
A moi, Girot, je veux que mon bras m'en délivre.
Périssons, s'il le faut : mais de ses ais brisés
Entraînons, en mourant, les restes divisés.
   A ces mots, d'une main par la rage affermie,
Il saisissait déjà la machine ennemie,
Lorsqu'en ce sacré lieu, par un heureux hasard,
Entre Jean le choriste, et le sonneur Girard,
Deux manseaux renommés, en qui l'expérience
Pour les procès est jointe à la vaste science.
L'un et l'autre aussitôt prend part à son affront.
Toutefois condamnant un mouvement trop prompt,
Du lutrin, disent-ils, abattons la machine ;
Mais ne nous chargeons pas tout seuls de sa ruine ;
Et que tantôt, aux yeux du chapitre assemblé,
Il soit sous trente mains en plein jour accablé.
Ces mots des mains du chantre arrachent le pupitre.
J'y consens, leur dit-il, assemblons le chapitre.
Allez donc de ce pas, par de saints hurlemens,
Vous-mêmes appeler les chanoines dormans.
Partez. Mais ce discours les surprend et les glace.
Nous ! qu'en ce vain projet, pleins d'une folle audace,
Nous allions, dit Girard, la nuit nous engager !
De notre complaisance osez-vous l'exiger ?
Eh! seigneur! quand nos cris pourraient du fond des rues,
De leurs appartemens percer les avenues,
Réveiller ces valets autour d'eux étendus,
De leur sacré repos ministres assidus,
Et pénétrer des lits au bruit inaccessibles ;
Pensez-vous, au moment que les ombres paisibles
A ces lits enchanteurs ont su les attacher,
Que la voix d'un mortel les en puisse arracher ?

Deux chantres feront-ils, dans l'ardeur de vous plaire,
Ce que depuis trente ans six cloches n'ont pu faire ?

Ah ! je vois bien où tend tout ce discours trompeur,
Reprend le chaud vieillard ; le prélat vous fait peur,
Je vous ai vus cent fois, sous sa main bénissante,
Courber servilement une épaule tremblante.
Hé bien ! allez ; sous lui fléchissez les genoux :
Je saurai réveiller les chanoines sans vous.
Viens, Girot, seul ami qui me reste fidèle ;
Prenons du saint jeudi la bruyante crecelle*,
Suis-moi. Qu'à son lever le soleil aujourd'hui
Trouve tout le chapitre éveillé devant lui.

Il dit. Du fond poudreux d'une armoire sacrée
Par les mains de Girot la crecelle est tirée.
Ils sortent à l'instant, et, par d'heureux efforts,
Du lugubre instrument font crier les ressorts.
Pour augmenter l'effroi, la Discorde infernale
Monte dans le palais, entre dans la grand'salle,
Et, du fond de cet antre, au travers de la nuit,
Fait sortir le démon du tumulte et du bruit.
Le quartier alarmé n'a plus d'yeux qui sommeillent ;
Déjà de toutes parts les chanoines s'éveillent :
L'un croit que le tonnerre est tombé sur les toits,
Et que l'église brûle une seconde fois** ;
L'autre, encore agité de vapeurs plus funèbres,
Pense être au jeudi-saint, croit que l'on dit ténèbres,
Et déjà tout confus, tenant midi sonné,
En soi-même frémit de n'avoir point dîné.

----

* Instrument dont on se sert le jeudi-saint au lieu de cloches.
** Le toit de la Sainte Chapelle fut brûlé en 1618.

Ainsi, lorsque tout prêt à briser cent murailles,
Louis, la foudre en main, abandonnant Versailles,
Au retour du soleil et des zéphyrs nouveaux,
Fait dans les champs de Mars déployer ses drapeaux,
Au seul bruit répandu de sa marche étonnante,
Le Danube s'émeut, le Tage s'épouvante,
Bruxelle attend le coup qui la doit foudroyer,
Et le Batave encore est prêt à se noyer.
Mais en vain dans leurs lits un juste effroi les presse:
Aucun ne laisse encor la plume enchanteresse.
Pour les en arracher Girot, s'inquiétant,
Va crier qu'au chapitre un repas les attend.
Ce mot dans tous les cœurs répand la vigilance :
Tout s'ébranle, tout sort, tout marche en diligence.
Ils courent au chapitre, et chacun se pressant
Flatte d'un doux espoir son appétit naissant.
Mais, ô d'un déjeuner vaine et frivole attente !
A peine ils sont assis, que, d'une voix dolente,
Le chantre désolé, lamentant son malheur,
Fait mourir l'appétit et naître la douleur.
Le seul chanoine Evrard, d'abstinence incapable,
Ose encor proposer qu'on apporte la table.
Mais il a beau presser, aucun ne lui répond :
Quand, le premier rompant ce silence profond,
Alain tousse, et se lève, Alain, ce savant homme,
Qui de Bauny vingt fois a lu toute la somme,
Qui possède Abéli, qui sait tout Raconis,
Et même entend, dit-on, le latin d'A-kempis.
N'en doutez point, leur dit ce savant canoniste,
Ce coup part, j'en suis sûr, d'une main janséniste.
Mes yeux en sont témoins ; j'ai vu moi-même hier
Entrer chez le prélat le chapelain Garnier.

Arnauld, cet hérétique ardent à nous détruire,
Par ce ministre adroit tente de le séduire :
Sans doute il aura lu dans son saint Augustin
Qu'autrefois saint Louis érigea ce lutrin ;
Il va nous inonder des torrens de sa plume.
Il faut, pour lui répondre, ouvrir plus d'un volume.
Consultons sur ce point quelque auteur signalé ;
Voyons si des lutrins Banny n'a point parlé :
Etudions enfin, il en est temps encore ;
Et, pour ce grand projet, tantôt dès que l'aurore
Rallumera le jour dans l'onde enseveli,
Que chacun prenne en main le moelleux Abéli *.

   Ce conseil imprévu de nouveau les étonne :
Sur-tout le gras Evrard d'épouvante en frissonne.
Moi, dit-il ; qu'à mon âge, écolier tout nouveau,
J'aille pour un lutrin me troubler le cerveau !
O le plaisant conseil ! Non, non, songeons à vivre :
Va maigrir, si tu veux, et sécher sur un livre.
Pour moi, je lis la bible autant que l'alcoran :
Je sais ce qu'un fermier nous doit rendre par an :
Sur quelle vigne à Reims nous avons hypothèque :
Vingt muids rangés chez moi font ma bibliothèque.
En plaçant un pupitre on croit nous rabaisser :
Mon bras seul sans latin saura le renverser.
Que m'importequ'Arnauld me condamne ou m'approuve!
J'abats ce qui me nuit par-tout où je le trouve :
C'est là mon sentiment. A quoi bon tant d'apprêts?
Du reste déjeunons, messieurs, et buvons frais.

---

* Fameux auteur, qui a fait la Moelle théologique, (Medullæ
theologica.)

Ce discours, que soutient l'embonpoint du visage,
Rétablit l'appétit, réchauffe le courage ;
Mais le chantre sur-tout en paraît rassuré.
Oui, dit-il, le pupitre a déjà trop duré.
Allons sur sa ruine assurer ma vengeance :
Donnons à ce grand œuvre une heure d'abstinence ;
Et qu'au retour tantôt un ample déjeuner
Long-temps nous tienne à table et s'unisse au dîner.
Aussitôt il se lève, et la troupe fidèle
Par ces mots attirans sent redoubler son zèle.
Ils marchent droit au chœur d'un pas audacieux,
Et bientôt le lutrin se fait voir à leurs yeux.
A ce terrible objet aucun d'eux ne consulte,
Sur l'ennemi commun ils fondent en tumulte,
Ils sapent le pivot qui se défend en vain ;
Chacun sur lui d'un coup veut honorer sa main.
Enfin sous tant d'efforts la machine succombe,
Et son corps entr'ouvert chancelle, éclate et tombe.
Tel sur les monts glacés des farouches Gelons *
Tombe un chêne battu des voisins aquillons ;
Ou tel, abandonné de ses poutres usées,
Fond enfin un vieux toit sous ses tuiles brisées.
La masse est emportée, et ses ais arrachés
Sont aux yeux des mortels chez le chantre cachés.

---

* Peuples de Sarmatie, voisins du Borysthène.

9

CHANT CINQUIÈME.

L'AURORE, cependant, d'un juste effroi troublée,
Des chanoines levés voit la troupe assemblée,
Et contemple long-temps, avec des yeux confus,
Ces visages fleuris qu'elle n'a jamais vus.
Chez Sidrac aussitôt Brontin d'un pied fidèle
Du pupitre abattu va porter la nouvelle.
Le vieillard de ses soins bénit l'heureux succès,
Et sur un bois détruit bâtit mille procès.
L'espoir d'un doux tumulte échauffant son courage,
Il ne sent plus le poids ni les glaces de l'âge,
Et chez le trésorier, de ce pas, à grand bruit,
Vient étaler au jour les crimes de la nuit.

Au récit imprévu de l'horrible insolence,
Le prélat hors du lit impétueux s'élance.
Vainement d'un breuvage à deux mains apporté
Gilotin avant tout le veut voir humecté :
Il veut partir à jeûn. Il se peigne, il s'apprête ;
L'ivoire trop hâté deux fois rompt sur sa tête,
Et deux fois de sa main le buis tombe en morceaux.
Tel Hercule filant rompait tous les fuseaux.
Il sort demi-paré. Mais déjà sur sa porte
Il voit de saints guerriers une ardente cohorte,
Qui tous, remplis pour lui, d'une égale vigueur,
Sont prêts, pour le servir, à déserter le chœur.
Mais le vieillard condamne un projet inutile.
Nos destins, sont, dit-il, écrits chez la Sybille :

Son antre n'est pas loin ; allons la consulter,
Et subissons la loi qu'elle nous va dicter.
Il dit : à ce conseil, où la raison domine,
Sur ses pas au barreau la troupe s'achemine,
Et bientôt, dans le temple, entend, non sans frémir,
De l'antre redoute les soupiraux gémir.

    Entre ces vieux appuis dont l'affreuse grand'salle
Soutient l'énorme poids de sa voûte infernale,
Est un pilier fameux *, des plaideurs respecté,
Et toujours de Normands à midi fréquenté.
Là, sur des tas poudreux de sacs et de pratique,
Hurle tous les matins une Sybille étique :
On l'appelle Chicane ; et ce monstre odieux
Jamais pour l'équité n'eut d'oreilles ni d'yeux.
La Disette au teint blême, et la triste Famine,
Les Chagrins dévorans, et l'infâme Ruine,
Enfans infortunés de ses raffinemens,
Troublent l'air d'alentour de longs gémissemens,
Sans cesse feuilletant les lois et la coutume,
Pour consumer autrui, le monstre se consume ;
Et, dévorant maisons, palais, châteaux entiers,
Rend pour des monceaux d'or de vains tas de papiers.
Sous le coupable effort de sa noire insolence,
Thémis a vu cent fois chanceler sa balance.
Incessamment il va de détour en détour :
Comme un hibou, souvent il se dérobe au jour :
Tantôt, les yeux en feu, c'est un lion superbe ;
Tantôt, humble serpent, il se glisse sous l'herbe.
En vain, pour le dompter, le plus juste des rois
Fit régler le chaos des ténébreuses lois :

---

* Le pilier des consultations.

Ses griffes, vainement par Pussort * accourcies,
Se rallongent déjà, toujours d'encre noircies;
Et ses ruses perçant et digues et remparts,
Par cent brèches déjà rentrent de toutes parts.

Le vieillard humblement l'aborde et le salue;
Et faisant, avant tout, briller l'or à sa vue :
Reine des longs procès, dit-il, dont le savoir
Rend la force inutile et les lois sans pouvoir;
Toi, pour qui dans le Mans le laboureur moissonne,
Pour qui naissent à Caen tous les fruits de l'automne :
Si, dès mes premiers ans, heurtant tous les mortels,
L'encre a toujours pour moi coulé sur tes autels,
Daigne encor me connaître en ma saison dernière.
D'un prélat qui t'implore exauce la prière.
Un rival orgueilleux, de sa gloire offensé,
A détruit le lutrin par nos mains redressé.
Épuise en sa faveur ta science fatale :
Du digeste et du code ouvre-nous le dédale;
Et montre-nous cet art, connu de tes amis,
Qui, dans ses propres lois, embarrasse Thémis.

La Sybille, à ces mots, déjà hors d'elle-même,
Fait lire sa fureur sur son visage blême;
Et, pleine du démon qui la vient oppresser,
Par ces mots étonnans tâche à le repousser :

Chantres, ne craignez plus une audace insensée.
Je vois, je vois au chœur la masse replacée :
Mais il faut des combats. Tel est l'arrêt du sort.
Et sur-tout évitez un dangereux accord.

---

* M. Pussort, conseiller d'état, est celui qui a le plus contribué à
faire le code.

Là bornant son discours, encor tout écumante,
Elle souffle aux guerriers l'esprit qui la tourmente,
Et dans leurs cœurs brûlans de la soif de plaider
Verse l'amour de nuire et la peur de céder.

Pour tracer à loisir une longue requête,
A retourner chez soi leur brigade s'apprête.
Sous leurs pas diligens le chemin disparaît,
Et le pilier, loin d'eux, déjà baisse et décroît.

Loin du bruit, cependant, les chanoines à table
Immolent trente mets à leur faim redoutable.
Leur appétit fougueux, par l'objet excité,
Parcourt tous les recoins d'un monstrueux pâté;
Par le sel irritant la soif est allumée :
Lorsque d'un pied léger la prompte renommée,
Semant par-tout l'effroi, vient au chantre éperdu
Conter l'affreux détail de l'oracle rendu.
Il se lève, enflammé de muscat et de bile,
Et prétend à son tour consulter la Sybille.
Evrard a beau gémir du repas déserté :
Lui-même est au barreau par le nombre emporté.
Par les détours étroits d'une barrière oblique,
Ils gagnent les degrés, et le perron antique
Où sans cesse étalant bons et méchans écrits,
Barbin vend aux passans des auteurs à tout prix *.

Là le chantre à grand bruit arrive et se fait place,
Dans le fatal instant que, d'une égale audace,
Le prélat et sa troupe, à pas tumultueux,
Descendaient du palais l'escalier tortueux.
L'un et l'autre rival, s'arrêtant au passage,
Se mesure des yeux, s'observe, s'envisage;

---

* Barbin se piquait de savoir vendre des livres quoique méchans.

9*

Une égale fureur anime leurs esprits ;
Tels deux fougueux taureaux *, de jalousie épris,
Auprès d'une génisse au front large et superbe
Oubliant tous les jours le pâturage et l'herbe,
A l'aspect l'un de l'autre embrâsés , furieux,
Déjà , le front baissé , se menacent des yeux.
Mais Evrard, en passant, coudoyé par Boirude,
Ne sait point contenir son aigre inquiétude :
Il entre chez Barbin, et , d'un bras irrité,
Saisissant du Cyrus un volume écarté,
Il lance au sacristain le tome épouvantable.
Boirude fuit le coup : le volume effroyable
Lui rase le visage, et , droit dans l'estomac,
Va frapper en sifflant l'infortuné Sidrac.
Le vieillard, accablé de l'horrible Artamène,
Tombe aux pieds du prélat, sans pouls et sans haleine :
Sa troupe le croit mort, et chacun empressé
Se croit frappé du coup dont il le voit blessé.
Aussitôt contre Evrard vingt champions s'élancent ;
Pour soutenir leur choc les chanoines s'avancent.
La Discorde triomphe , et du combat fatal
Par un cri donne en l'air l'effroyable signal.

    Chez le libraire absent tout entre, tout se mêle :
Les livres sur Evrard fondent comme la grêle
Qui, dans un grand jardin , à coups impétueux,
Abat l'honneur naissant des rameaux fructueux.
Chacun s'arme au hasard du livre qu'il rencontre.
L'un tient l'Edit d'amour, l'autre en saisit la montre** ;

_____

  * Virgile , Géorg. , liv. III , v, 215.
 ** De Bonnecorse.

L'un prend le seul Jonas qu'on ait vu relié,
L'autre un Tasse français *, en naissant oublié.
L'élève de Barbin, commis à la boutique,
Veut en vain s'opposer à leur fureur gothique ;
Les volumes, sans choix à la tête jetés,
Sur le perron poudreux volent de tous côtés :
Là, près d'un Guarini, Térence tombe à terre ;
Là, Xénophon dans l'air heurte contre un La Serre.
Oh ! que d'écrits obscurs, de livres ignorés,
Furent en ce grand jour de la poudre tirés !
Vous en fûtes tirés, Almerinde et Simandre ;
Et toi, rebut du peuple, inconnu Caloandre **,
Dans ton repos, dit-on, saisi par Gaillerbois,
Tu vis le jour alors pour la première fois.
Chaque coup sur la chair laisse une meurtrissure :
Déjà plus d'un guerrier se plaint d'une blessure.
D'un Le Vayer épais Giraut est renversé :
Marineau, d'un Brébeuf à l'épaule blessé,
En sent par tout le bras une douleur amère,
Et maudit la Pharsale aux provinces si chère.
D'un Pinchêne in-quarto Dodillon étourdi
A long-temps le teint pâle et le cœur affadi.
Au plus fort du combat le chapelain Garagne,
Vers le sommet du front atteint d'un Charlemagne,
(Des vers de ce poëme effet prodigieux !)
Tout prêt à s'endormir, bâille, et ferme les yeux.
A plus d'un combattant la Clélie est fatale ;
Giraut dix fois par elle éclate et se signale.

_____

* Traduction de Le Clerc.
** Roman italien ; traduit par Scudéri.

Mais tout cède aux efforts du chanoine Fabri.
Ce guerrier, dans l'église aux querelles nourri,
Est robuste de corps, terrible de visage,
Et de l'eau dans son vin n'a jamais su l'usage.
Il terrasse lui seul et Guibert et Grasset,
Et Gerillon la basse, et Grandin le fausset,
Et Gerbais l'agréable, et Guerin l'insipide.

Des chantres désormais la brigade timide
S'écarte, et du palais regagne les chemins.
Telle, à l'aspect d'un loup, terreur des champs voisins,
Fuit d'agneaux effrayés une troupe bêlante ;
Ou tels devant Achille, aux campagnes du Xanthe,
Les Troyens se sauvaient à l'abri de leurs tours,
Quand Brontin à Boirude adresse ce discours :

Illustre porte-croix, par qui notre bannière
N'a jamais en marchant fait un pas en arrière,
Un chanoine lui seul triomphant du prélat
Du rochet à nos yeux ternira-t-il l'éclat ?
Non, non ; pour te couvrir de sa main redoutable *,
Accepte de mon corps l'épaisseur favorable.
Viens, et sous ce rempart, à ce guerrier hautain
Fais voler ce Quinault qui me reste à la main.
A ces mots, il lui tend le doux et tendre ouvrage.
Le sacristain bouillant de zèle et de courage,
Le prend, se cache, approche, et, droit entre les yeux,
Frappe du noble écrit l'athlète audacieux.
Mais c'est pour l'ébranler une faible tempête,
Le livre sans vigueur mollit contre sa tête.
Le chanoine les voit, de colère embrasé.
Attendez, leur dit-il, couple lâche et rusé,

---

* Iliade, liv. VIII, v. 267.

Et jugez si ma main, aux grands exploits novice,
Lance à mes ennemis un livre qui mollisse.
A ces mots il saisit un vieil Infortiat*,
Grossi des visions d'Accurse et d'Alciat,
Inutile ramas de gothique écriture;
Dont quatre ais mal unis formaient la couverture,
Entourée à demi d'un vieux parchemin noir,
Où pendait à trois clous un reste de fermoir.
Sur l'ais qui le soutient auprès d'un Avicenne**,
Deux des plus forts mortels l'ébranleraient à peine :
Le chanoine pourtant l'enlève sans effort,
Et, sur le couple pâle et déjà demi-mort,
Fait tomber à deux mains l'effroyable tonnerre.
Les guerriers de ce coup vont mesurer la terre,
Et du bois et des clous meurtris et déchirés,
Long-temps, loin du perron, roulent sur les degrés.

  Au spectacle étonnant de leur chute imprévue,
Le prélat pousse un cri qui pénètre la nue.
Il maudit dans son cœur le démon des combats,
Et de l'horreur du coup il recule six pas.
Mais bientôt rappelant son antique prouesse,
Il tire du manteau sa dextre vengeresse ;
Il part, et, de ses doigts saintement alongés,
Bénit tous les passans en deux files rangés.
Il sait que l'ennemi, que ce coup va surprendre,
Désormais sur ses pieds ne l'oserait attendre,
Et déjà voit pour lui tout le peuple en courroux
Crier aux combattans : Profanes, à genoux !

---

* Livre de droit d'une grosseur énorme.
** Auteur arabe.

Le chantre, qui de loin voit approcher l'orage,
Dans son cœur éperdu cherche en vain du courage :
Sa fierté l'abandonne, il tremble, il cède, il fuit.
Le long des sacrés murs sa brigade le suit :
Tout s'écarte à l'instant ; mais aucun n'en réchappe,
Par-tout le doigt vainqueur les suit et les rattrape.
Evrard seul, en un coin prudemment retiré,
Se croyait à couvert de l'insulte sacré :
Mais le prélat vers lui fait une marche adroite :
Il l'observe de l'œil, et, tirant vers la droite,
Tout d'un coup tourne à gauche, et d'un bras fortuné
Bénit subitement le guerrier consterné.
Le chanoine, surpris de la foudre mortelle,
Se dresse, et lève en vain une tête rebelle ;
Sur ses genoux tremblans il tombe à cet aspect,
Et donne à la frayeur ce qu'il doit au respect.
Dans le temple aussitôt le prélat plein de gloire
Va goûter tout le fruit de sa sainte victoire :
Et de leur vain projet les chanoines punis
S'en retournent chez eux, éperdus et bénis.

CHANT SIXIÈME.

TANDIS que tout conspire à la guerre sacrée,
La Piété sincère, aux Alpes retirée*,
Du fond de son désert entend les tristes cris
De ses sujets cachés dans les murs de Paris.
Elle quitte à l'instant sa retraite divine :
La Foi, d'un pas certain, devant elle chemine ;
L'Espérance au front gai l'appuie et la conduit ;
Et, la bourse à la main, la Charité la suit.
Vers Paris elle vole, et d'une audace sainte
Vient aux pieds de Thémis proférer cette plainte :

Vierge, effroi des méchans, appui de mes autels,
Qui, la balance en main, règles tous les mortels ;
Ne viendrai-je jamais en tes bras salutaires
Que pousser des soupirs et pleurer mes misères !
Ce n'est donc pas assez qu'au mépris de tes lois
L'Hypocrisie ait pris et mon nom et ma voix ;
Que, sous ce nom sacré, par-tout ses mains avares
Cherchent à me ravir crosses, mitres, tiares !
Faudra-t-il voir encor cent monstres furieux
Ravager mes états usurpés à tes yeux !
Dans les temps orageux de mon naissant empire,
Au sortir du baptême on courait au martyre.
Chacun, plein de mon nom, ne respirait que moi :
Le fidèle, attentif aux règles de sa loi,

---

* La grande Chartreuse est dans les Alpes.

Fuyant des vanités la dangereuse amorce,
Aux honneurs appelé, n'y montait que par force :
Ces cœurs, que les bourreaux ne faisaient point frémir,
A l'offre d'une mitre étaient prêts à gémir ;
Et, sans peur des travaux, sur mes traces divines
Couraient chercher le ciel au travers des épines.
Mais, depuis que l'église eut, aux yeux des mortels,
De son sang en tous lieux cimenté ses autels,
Le calme dangereux succédant aux orages,
Une lâche tiédeur s'empara des courages :
De leur zèle brûlant l'ardeur se ralentit ;
Sous le joug des péchés leur foi s'appesantit :
Le moine secoua le cilice et la haire ;
Le chanoine indolent apprit à ne rien faire :
Le prélat, par la brigue aux honneurs parvenu,
Ne sut plus qu'abuser d'un ample revenu,
Et, pour toutes vertus, fit, au dos d'un carrosse,
A côté d'une mitre armorier sa crosse.
L'Ambition par-tout chassa l'Humilité ;
Dans la crasse du froc logea la Vanité.
Alors de tous les cœurs l'union fut détruite.
Dans mes cloîtres sacrés la Discorde introduite
Y bâtit de mon bien ses plus sûrs arsenaux ;
Traîna tous mes sujets au pied des tribunaux.
En vain à ses fureurs j'opposai mes prières ;
L'insolente, à mes yeux, marcha sous mes bannières.
Pour comble de misère, un tas de faux docteurs,
Vint flatter les péchés de discours imposteurs ;
Infectant les esprits d'exécrables maximes,
Voulut faire à Dieu même approuver tous les crimes.
Une servile peur tint lieu de charité ;
Le besoin d'aimer Dieu passa pour nouveauté :

Et chacun à mes pieds, conservant sa malice,
N'apporta de vertu que l'aveu de son vice.
    Pour éviter l'affront de ces noirs attentats,
J'allai chercher le calme au séjour des frimas,
Sur ces monts entourés d'une éternelle glace,
Où jamais au printemps les hivers n'ont fait place.
Mais, jusques dans la nuit de mes sacrés déserts,
Le bruit de mes malheurs fait retentir les airs.
Aujourd'hui même encore une voix trop fidelle
M'a d'un triste désastre apporté la nouvelle :
J'apprends que, dans ce temple où le plus saint des rois *
Consacra tout le fruit de ses pieux exploits,
Et signala pour moi sa pompeuse largesse,
L'implacable Discorde et l'infâme Mollesse,
Foulant aux pieds les lois, l'honneur et le devoir,
Usurpent en mon nom le souverain pouvoir.
Souffriras-tu, ma sœur, une action si noire ?
Quoi ! ce temple, à ta porte, élevé pour ma gloire,
Où jadis des humains j'attirais tous les vœux,
Sera de leurs combats le théâtre honteux !
Non, non, il faut enfin que ma vengeance éclate :
Assez et trop long-temps l'impunité les flatte.
Prends ton glaive, et, fondant sur ces audacieux,
Viens aux yeux des mortels justifier les cieux.
    Ainsi parle à sa sœur cette vierge enflammée,
La grâce est, dans ses yeux, d'un feu pur allumée,
Thémis sans différer lui promet son secours,
La flatte, la rassure, et lui tient ce discours :
    Chère et divine sœur, dont les mains secourables
Ont tant de fois séché les pleurs des misérables,

---

* Saint Louis, fondateur de la Sainte Chapelle.

Pourquoi toi-même, en proie à tes vives douleurs,
Cherches-tu sans raison à grossir tes malheurs?
En vain de tes sujets l'ardeur est ralentie ;
D'un ciment éternel ton église est bâtie,
Et jamais de l'enfer les noirs frémissemens
N'en sauraient ébranler les fermes fondemens.
Au milieu des combats, des troubles, des querelles,
Ton nom encor chéri vit au sein des fidèles.
Crois-moi, dans ce lieu même où l'on veut t'opprimer,
Le trouble qui t'étonne est facile à calmer :
Et, pour y rappeler la paix tant désirée,
Je vais t'ouvrir, ma sœur, une route assurée.
Prête-moi donc l'oreille et retiens tes soupirs.

Vers ce temple fameux, si cher à tes désirs,
Où le ciel fut pour toi si prodigue en miracles,
Non loin de ce palais où je rends mes oracles,
Est un vaste séjour des mortels révéré,
Et de cliens soumis à toute heure entouré.
Là, sous le faix pompeux de ma pourpre honorable,
Veille au soin de ma gloire un homme incomparable*,
Ariste, dont le ciel et Louis ont fait choix,
Pour régler ma balance et dispenser mes lois.
Par lui dans le barreau sur mon trône affermie,
Je vois hurler en vain la chicane ennemie :
Par lui la vérité ne craint plus l'imposteur,
Et l'orphelin n'est plus dévoré du tuteur.
Mais pourquoi vainement t'en retracer l'image?
Tu le connais assez ; Ariste est ton ouvrage.
C'est toi qui le formas dès ses plus jeunes ans :
Son mérite sans tache est un de tes présens.

---

* M. de Lamoignon, premier président.

Tes divines leçons avec le lait sucées,
Allumèrent l'ardeur de ses nobles pensées.
Aussi son cœur, pour toi brûlant d'un si beau feu,
N'en fit point dans le monde un lâche désaveu;
Et son zèle hardi, toujours prêt à paraître,
N'alla point se cacher dans les ombres d'un cloître.
Va le trouver, ma sœur : à ton auguste nom,
Tout s'ouvrira d'abord en sa sainte maison.
Ton visage est connu de sa noble famille ;
Tout y garde tes lois, enfans, sœur, femme et fille,
Tes yeux d'un seul regard sauront le pénétrer ;
Et, pour obtenir tout, tu n'as qu'à te montrer.
  Là, s'arrête Thémis. La Piété charmée
Sent renaître la joie en son ame calmée.
Elle court chez Ariste ; et s'offrant à ses yeux :
  Que me sert, lui dit-elle, Ariste, qu'en tous lieux
Tu signales pour moi ton zèle et ton courage,
Si la Discorde impie à ta porte m'outrage?
Deux puissans ennemis, par elle envenimés,
Dans ces murs, autrefois si saints, si renommés,
A mes sacrés autels font un profane insulte,
Remplissent tout d'effroi, de trouble et de tumulte.
De leur crime à leurs yeux va-t-en peindre l'horreur ;
Sauve-moi, sauve-les de leur propre fureur.
  Elle sort à ces mots. Le héros en prière
Demeure tout couvert de feux et de lumière.
De la céleste fille il reconnaît l'éclat,
Et mande au même instant le chantre et le prélat.
  Muse, c'est à ce coup que mon esprit timide
Dans sa course élevée a besoin qu'on le guide,
Pour chanter par quels soins, par quels nobles travaux,
Un mortel sut fléchir ces superbes rivaux.

Mais plutôt, toi qui fis ce merveilleux ouvrage,
Ariste, c'est à toi d'en instruire notre âge.
 Seul tu peux révéler par quel art tout-puissant
Tu rendis tout-à-coup le chantre obéissant.
Tu sais par quel conseil rassemblant le chapitre,
Lui-même, de sa main, reporta le pupitre;
Et comment le prélat, de ses respects content,
Le fit du banc fatal enlever à l'instant.
Parle donc : c'est à toi d'éclaircir ces merveilles.
Il me suffit pour moi d'avoir su, par mes veilles,
Jusqu'au sixième chant pousser ma fiction,
Et fait d'un vain pupitre un second Ilion.
Finissons. Aussi bien, quelqu'ardeur qui m'inspire,
Quand je songe au héros qui me reste à décrire,
Qu'il faut parler de toi, mon esprit éperdu
Demeure sans parole, interdit, confondu.
 Ariste, c'est ainsi qu'en ce sénat illustre
Où Thémis, par tes soins, reprend son premier lustre,
Quand, la première fois, un athlète nouveau
Vient combattre en champ clos aux joûtes du barreau,
Souvent, sans y penser, ton auguste présence
Troublant par trop d'éclat sa timide éloquence,
Le nouveau Cicéron, tremblant, décoloré,
Cherche en vain son discours sur sa langue égaré.
En vain, pour gagner temps, dans ses transes affreuses,
Traîne d'un dernier mot les syllabes honteuses :
Il hésite, il bégaie; et le triste orateur
Demeure enfin muet aux yeux du spectateur *.

* L'orateur demeurant muet, il n'y a plus d'auditeurs; il reste
seulement des spectateurs.

DISCOURS SUR L'ODE.

L'ode suivante a été composée à l'occasion de ces étranges dialogues* qui ont paru depuis quelque temps, où tous les plus grands écrivains de l'antiquité sont traités d'esprits médiocres, de gens à être mis en parallèle avec les Chapelains et avec les Cotins, et où, voulant faire honneur à notre siècle, on l'a en quelque sorte diffamé, en faisant voir qu'il s'y trouve des hommes capables d'écrire des choses si peu sensées. Pindare y est des plus maltraités. Comme les beautés de ce poète sont extrêmement renfermées dans sa langue, l'auteur de ces dialogues, qui vraisemblablement ne sait point le grec, et qui n'a lu Pindare que dans des traductions latines assez défectueuses, a pris pour galimatias tout ce que la faiblesse de ses lumières ne lui permettait pas de comprendre. Il a sur-tout traité de ridicules ces endroits merveilleux où le poète, pour marquer un esprit entièrement hors de soi, rompt quelquefois d'un dessein formé la suite de son discours ; et afin de mieux entrer dans la raison, sort, s'il faut ainsi parler, de la raison même, évitant avec grand soin cet ordre méthodique et ces exactes liaisons de sens qui ôteraient l'ame à la poésie lyrique. Le censeur dont je parle n'a pas pris garde qu'en attaquant ces nobles hardiesses de Pindare, il donnait lieu de croire qu'il n'a jamais conçu le sublime des pseaumes de David, où, s'il est permis de parler de ces saints cantiques à propos de choses si profanes, il y a beaucoup de ces sens rompus, qui servent même quelquefois à en faire sentir la divinité. Ce critique, selon toutes les apparences, n'est pas fort convaincu du pré-

---

* Parallèle des anciens et des modernes, en forme de dialogues.

cepte que j'ai avancé dans mon Art Poétique, à propos de l'ode :

Son style impétueux souvent marche au hasard :
Chez elle un beau désordre est un effet de l'art.

Ce précepte, effectivement, qui donne pour règle de ne point garder quelquefois de règles, est un mystère de l'art qu'il n'est pas aisé de faire entendre à un homme sans aucun goût, qui croit que la Clélie et nos opéras sont les modèles du genre sublime ; qui trouve Térence fade, Virgile froid, Homère de mauvais sens, et qu'une espèce de bizarrerie d'esprit rend insensible à tout ce qui frappe ordinairement les hommes. Mais ce n'est pas ici le lieu de lui montrer ses erreurs. On le fera peut-être plus à propos un de ces jours dans quelqu'autre ouvrage.

Pour revenir à Pindare, il ne serait pas difficile d'en faire sentir les beautés à des gens qui se seraient un peu familiarisés avec le grec. Mais comme cette langue est aujourd'hui assez ignorée de la plupart des hommes, et qu'il n'est pas possible de leur faire voir Pindare dans Pindare même, j'ai cru que je ne pouvais mieux justifier ce grand poète, qu'en tâchant de faire une ode en français en sa manière, c'est-à-dire pleine de mouvemens et de transports, où l'esprit parût plutôt entraîné du démon de la poésie, que guidé par la raison. C'est le but que je me suis proposé dans l'ode qu'on va voir. J'ai pris pour sujet la prise de Namur, comme la plus grande action de guerre qui se soit faite de nos jours, et comme la matière la plus propre à échauffer l'imagination d'un poète. J'y ai jeté, autant que j'ai pu, la magnificence des mots ; et, à l'exemple des anciens poètes dithyrambiques, j'y ai employé les figures les plus audacieuses, jusqu'à y faire un astre de la plume blanche que le roi porte ordinairement à son chapeau, et qui est en effet comme une espèce de comète fatale à nos ennemis, qui se jugent perdus dès qu'ils l'aperçoivent. Voilà le dessein de cet ouvrage. Je ne réponds pas d'y avoir réussi, et je ne sais

si le public, accoutumé aux sages emportemens de
Malherbe, s'accommodera de ces saillies et de ces excès
pindariques Mais, supposé que j'y aie échoué, je m'en
consolerai du moins par le commencement de cette fameuse ode latine d'Horace : PINDARUM QUISQUIS STUDET
ÆMULARI, etc, où Horace donne assez à entendre que
s'il eût voulu lui-même s'élever à la hauteur de Pindare,
il se serait cru en grand hasard de tomber.

Au reste, comme, parmi les épigrammes qui sont imprimées à la suite de cette ode, on trouvera encore une
autre petite ode de ma façon, que je n'avais point jusqu'ici insérée dans mes écrits, je suis bien aise, pour ne
me point brouiller avec les Anglais d'aujourd'hui, de
faire ici ressouvenir le lecteur que les Anglais que j'attaque dans ce petit poëme, qui est un ouvrage de ma
première jeunesse, ce sont les Anglais du temps de
Cromwel.

J'ai joint aussi à ces épigrammes un arrêt burlesque
donné au Parnasse, que j'ai composé autrefois afin de
prévenir un arrêt très-sérieux que l'université songeait
à obtenir du parlement, contre ceux qui enseigneraient
dans les écoles de philosophie d'autres principes que
ceux d'Aristote. Là plaisanterie y descend un peu bas,
et est toute dans les termes de la pratique. Mais il fallait
qu'elle fût ainsi, pour faire son effet, qui fut très-heu-
reux, et obligea, pour ainsi dire, l'université à supprimer la requête qu'elle allait présenter.

Ridiculum acri
Fortiùs ac meliùs magnas plerumque secat res.

ODES.

ODE PREMIÈRE.

SUR LA PRISE DE NAMUR.

QUELLE docte et sainte ivresse
Aujourd'hui me fait la loi ?
Chastes nymphes du Permesse,
N'est-ce pas vous que je voi ?
Accourez, troupe savante ;
Des sons que ma lyre enfante
Ces arbres sont réjouis.
Marquez-en bien la cadence ;
Et vous, vents, faites silence,
Je vais parler de Louis.

Dans ses chansons immortelles,
Comme un aigle audacieux,
Pindare, étendant ses ailes,
Fuit loin des vulgaires yeux.
Mais, ô ma fidèle lyre !
Si, dans l'ardeur qui m'inspire,
Tu peux suivre mes transports,
Les chênes des monts * de Thrace
N'ont rien ouï qui n'efface
La douceur de tes accords.

---

* Hémus, Rhodope et l'Angée.

Est-ce Apollon et Neptune*
Qui, sur ces rocs sourcilleux,
Ont, compagnons de fortune,
Bâti ces murs orgueilleux ?
De leur enceinte fameuse
La Sambre, unie à la Meuse,
Défend le fatal abord :
Et, par cent bouches horribles,
L'airain sur ces monts terribles
Vomit le fer et la mort.

Dix mille vaillans Alcides,
Les bordant de toutes parts,
D'éclairs au loin homicides
Font pétiller leurs remparts ;
Et, dans son sein infidèle,
Par tout la terre y recèle
Un feu prêt à s'élancer,
Qui, soudain perçant son gouffre,
Ouvre un sépulcre de souffre
A quiconque ose avancer.

Namur, devant tes murailles
Jadis la Grèce eût, vingt ans,
Sans fruit vu les funérailles
De ses plus fiers combattans :
Quelle effroyable puissance
Aujourd'hui pourtant s'avance,
Prête à foudroyer tes monts !
Quel bruit, quel feu l'environne !
C'est Jupiter en personne,
Ou c'est le vainqueur de Mons.

* Ils s'étaient loués à Laomédon pour bâtir les murs de Troie.

N'en doute point, c'est lui-même ;
Tout brille en lui ; tout est roi.
Dans Bruxelles Nassau blême
Commence à trembler pour toi.
En vain il voit le Batave,
Désormais docile esclave,
Rangé sous ses étendards :
En vain au lion belgique
Il voit l'aigle germanique
Uni sous les léopards.

Plein de la frayeur nouvelle
Dont ses sens sont agités,
A son secours il appelle
Les peuples les plus vantés ;
Ceux-là viennent du rivage
Où s'enorgueillit le Tage
De l'or qui roule en ses eaux ;
Ceux-ci, des champs où la neige
Des marais de la Norwège
Neuf mois couvre les roseaux.

Mais, qui fait enfler la Sambre ?
Sous les Gémeaux effrayés *,
Des froids torrens de décembre
Les champs par-tout sont noyés.
Cérès s'enfuit éplorée
De voir en proie à Borée
Ses guérets d'épis chargés,
Et, sous les urnes fangeuses
Des Hyades orageuses,
Tous ses trésors submergés.

---

* Le siége se fit au mois de juin, et il tomba durant ce temps de furieuses pluies.

Déployez toutes vos rages,
Princes, vents, peuples, frimas;
Ramassez tous vos nuages,
Rassemblez tous vos soldats :
Malgré vous, Namur en poudre
S'en va tomber sous la foudre
Qui dompta Lille, Courtray,
Gand la superbe espagnole,
Saint-Omer, Besançon, Dole,
Ypres, Mastricht et Cambray.

Mes présages s'accomplissent ;
Il commence à chanceler ;
Sous les coups qui retentissent
Ses murs s'en vont s'écrouler.
Mars en feu, qui les domine,
Souffle à grand bruit leur ruine ;
Et les bombes, dans les airs
Allant chercher le tonnerre,
Semblent, tombant sur la terre,
Vouloir s'ouvrir les enfers.

Accourez, Nassau, Bavière,
De ces murs l'unique espoir :
A couvert d'une rivière,
Venez, vous pouvez tout voir,
Considérez ces approches :
Voyez grimper sur ces roches
Ces athlètes belliqueux ;
Et dans les eaux, dans la flamme,
Louis, à tout donnant l'ame,
Marcher, courir avec eux.

Contemplez dans la tempête
Qui sort de ces boulevards
La plume * qui sur sa tête
Attire tous les regards.
A cet astre ** redoutable
Toujours un sort favorable
S'attache dans les combats ;
Et toujours avec la gloire
Mars amenant la victoire,
Vole, et le suit à grands pas.

Grands défenseurs de l'Espagne,
Montrez-vous, il en est temps.
Courage ! vers la Méhagne ***
Voilà vos drapeaux flottans.
Jamais ses ondes craintives
N'ont vu sur leurs foibles rives
Tant de guerriers s'amasser.
Courez donc : qui vous retarde ?
Tout l'univers vous regarde :
N'osez-vous la traverser ?

Loin de fermer le passage
A vos nombreux bataillons,
Luxembourg a du rivage
Reculé ses pavillons.
Quoi ! leur seul aspect vous glace ?
Où sont ces chefs pleins d'audace,

---

* Le roi porte toujours à l'armée une plume blanche.
** Homère, Iliade, liv. XIX, v. 381, dit que l'aigrette d'Achille
étincelait comme un astre.
*** Rivière près de Namur.

Jadis si prompts à marcher,
Qui devaient, de la Tamise
Et de la Drave * soumise,
Jusqu'à Paris nous chercher ?

Cependant l'effroi redouble
Sur les remparts de Namur :
Son gouverneur qui se trouble,
S'enfuit sous son dernier mur.
Déjà jusques à ces portes
Je vois monter nos cohortes,
La flamme et le fer en main ;
Et sur les monceaux de piques,
De corps morts, de rocs, de briques,
S'ouvrir un large chemin.

C'en est fait. Je viens d'entendre
Sur ces rochers éperdus
Battre un signal pour se rendre.
Le feu cesse ; ils sont rendus.
Dépouillez votre arrogance,
Fiers ennemis de la France ;
Et, désormais gracieux,
Allez à Liége, à Bruxelles,
Porter les humbles nouvelles
De Namur pris à vos yeux.

Pour moi, que Phébus anime
De ses transports les plus doux,
Rempli de ce dieu sublime,
Je vais, plus hardi que vous,

---

* Rivière qui passe à Belgrade en Hongrie.

Montrer que , sur le Parnasse ,
Des bois fréquentés d'Horace
Ma muse dans son déclin
Sait encor les avenues
Et des sour ces inconnues
A l'auteur de Saint-Paulin *.

ODE II. **

Sur un bruit qui courut , en 1656, que Cromwel et les Anglais allaient faire la guerre à la France.

Quoi ! ce peuple aveugle en son crime ,
Qui , prenant son roi pour victime ,
Fit du trône un théâtre affreux ,
Pense-t-il que le ciel complice
D'un si funeste sacrifice ,
N'a pour lui ni foudre ni feux ?

Déjà sa flotte à pleines voiles ,
Malgré les vents et les étoiles ,
Veut maîtriser tout l'univers ,
Et croit que l'Europe étonnée
A son audace forcenée
Va céder l'empire des mers.

* Poëme héroïque de M. Perrault.
** Je n'avais que dix-huit ans quand je fis cette ode; mais je l'ai raccommodée.

Arme-toi , France ; prends la foudre ,
C'est à toi de réduire en poudre
Ces sanglans ennemis des lois.
Suis la victoire qui t'appelle ,
Et vas sur ce peuple rebelle
Venger la querelle des rois.

Jadis on vit ces parricides ,
Aidés de nos soldats perfides ,
Chez nous , au comble de l'orgueil,
Briser tes plus fortes murailles ,
Et , par le gain de vingt batailles ,
Mettre tous les peuples en deuil.

Mais bientôt le ciel en colère ,
Par la main d'une humble bergère
Renversant tous leurs bataillons ,
Borna leurs succès et nos peines :
Et leurs corps , pourris dans nos plaines,
N'ont fait qu'engraisser nos sillons.

ÉPIGRAMMES.

A un Médecin.

Oui, j'ai dit dans mes vers qu'un célèbre assassin,
Laissant de Gallien la science infertile,
D'ignorant médecin devint maçon habile;
Mais de parler de vous je n'eus jamais dessein,
    Perrault; ma muse est trop correcte.
Vous êtes, je l'avoue, ignorant médecin,
    Mais non pas habile architecte.

II.

A M. Racine.

Racine, plains ma destinée.
C'est demain la triste journée
Où le prophète Desmarets,
Armé de cette même foudre
Qui mit le Port-Royal en poudre,
Va me percer de mille traits.
C'en est fait, mon heure est venue.
Non que ma muse, soutenue
De tes judicieux avis,
N'ait assez de quoi le confondre :

Mais, cher ami, pour lui répondre,
Hélas! il faut lire Clovis * !

III.

Contre Saint-Sorlin.

Dans le Palais, hier Bilain
Voulait gager contre Ménage
Qu'il était faux que Saint-Sorlin
Contre Arnaud eût fait un ouvrage.
Il en a fait, j'en sais le temps,
Dit un des plus fameux libraires,
Attendez.... C'est depuis vingt ans.
On en tira cent exemplaires.
C'est beaucoup! dis-je en m'approchant,
La pièce n'est pas si publique.
Il faut compter, dit le marchand,
Tout est encor dans ma boutique.

IV.

A MM. Pradon et Bonnecorse, qui firent en même temps paraître contre moi chacun un volume d'injures.

Venez, Pradon et Bonnecorse,
Grands écrivains de même force,
De vos vers recevoir le prix :
Venez prendre dans mes écrits
La place que vos noms demandent.
Linière et Perrin vous attendent.

---

* Poëme de Desmarets, ennuyeux à la mort.

V.

Sur une satire très-mauvaise que l'abbe Cotin avoit
faite, et qu'il faisoit courir sous mon nom.

EN VAIN par mille et mille outrages
Mes ennemis, dans leurs ouvrages,
Ont cru me rendre affreux aux yeux de l'univers.
Cotin, pour décrier mon style,
A pris un chemin plus facile :
C'est de m'attribuer ses vers.

VI.

Contre le même.

A QUOI bon tant d'efforts, de larmes et de cris,
Cotin, pour faire ôter ton nom de mes ouvrages?
Si tu veux du public éviter les outrages,
Fais effacer ton nom de tes propres écrits.

VII.

Contre un athée.

ALIDOR, assis * dans sa chaise,
Médisant du ciel à son aise,
Peut bien médire aussi de moi.
Je ris de ses discours frivoles :
On sait fort bien que ses paroles
Ne sont pas articles de foi.

---

* Il était tellement goutteux qu'il ne pouvait marcher.

VIII.

Vers en style de Chapelain, pour mettre à la fin de son poëme de la Pucelle.

MAUDIT soit l'auteur dur, dont l'âpre et rude verve,
Son cerveau tenaillant, rima malgré Minerve ;
Et, de son lourd marteau martelant le bon sens,
A fait de méchants vers douze fois douze cents * !

IX.

DE six amans contents et non jaloux,
Qui tour-à-tour servaient madame Claude,
Le moins volage était Jean, son époux
Un jour pourtant, d'humeur un peu trop chaude,
Serrait de près sa servante aux yeux doux,
Lorsqu'un des six lui dit : que faites-vous ?
Le jeu n'est sûr avec cette ribaude.
Ah ! voulez-vous, Jean-Jean, nous gâter tous !

X.

A Climène.

TOUT me fait peine,
Et depuis un jour
Je crois, Climène,
Que j'ai de l'amour.

---

* La Pucelle a douze livres, chacun de douze cents vers.

Cette nouvelle
Vous met en courroux ?
Tout beau, cruelle ;
Ce n'est pas pour vous.

X I.

Épitaphe.

Ci-gît, justement regretté,
Un savant homme sans science,
Un gentilhomme sans naissance,
Un très-bon homme sans bonté.

XII.

Imitation de Martial.

Paul, ce grand médecin, l'effroi de son quartier,
Qui causa plus de maux que la peste et la guerre,
Est curé maintenant et met les gens en terre.
Il n'a point changé de métier.

XIII.

Sur une harangue d'un magistrat, dans laquelle les procureurs étaient fort maltraités.

Lorsque, dans ce sénat à qui tout rend hommage,
Vous haranguez en vieux langage,
Paul, j'aime à vous voir en fureur,
Gronder maint et maint procureur ;

Car leurs chicanes sans pareilles
Méritent bien ce traitement.
Mais que vous ont fait nos oreilles
Pour les traiter si durement?

XIV.

Sur l'Agésilas de M. Corneille.

J'ai vu l'Agésilas.
Hélas !

XV.

Sur l'Attila du même auteur.

Après l'Agésilas ,
Hélas !
Mais après l'Attila ,
Hola !

XVI.

Sur la manière de réciter, du poète Santeuil.

Quand j'aperçois sous ce portique
Ce moine au regard fanatique
Lisant ses vers audacieux
Faits pour les habitans des Cieux * ,
Ouvrir une bouche effroyable ,
S'agiter, se tordre les mains ,
Il me semble en lui voir le diable,
Que Dieu force à louer les Saints.

---

* Il a fait des hymnes latines à la louange des Saints.

XVII.

Sur la Fontaine de Bourbon, où l'auteur était allé prendre les eaux, et où il trouva un poète médiocre qui lui montra des vers de sa façon.

Il s'adresse à la fontaine.

Oui, vous pouvez chasser l'humeur apoplectique,
Rendre le mouvement au corps paralytique,
Et guérir tous les maux les plus invétérés.
Mais quand je lis ces vers par votre onde inspirés,
  Il me paraît, admirable fontaine,
Que vous n'eûtes jamais la vertu d'Hippocrène.

XVIII.

L'amateur d'horloges.

Sans cesse autour de six pendules,
De deux montres, de trois cadrans,
Lubin, depuis trente et quatre ans,
Occupe ses soins ridicules.
Mais à ce métier, s'il vous plaît,
A-t-il acquis quelque science?
Sans doute; et c'est l'homme de France
Qui sait le mieux l'heure qu'il est.

XIX.

Sur ce qu'on avait lu à l'Académie des vers contre Homère et contre Virgile.

Clio vint l'autre jour se plaindre au dieu des vers
  Qu'en certain lieu de l'univers

On traitait d'auteurs froids, de poëtes stériles,
　　Les Homères et les Virgiles.
Cela ne saurait être, on s'est moqué de vous,
　　Reprit Apollon en courroux :
Où peut-on avoir dit une telle infamie ?
Est-ce chez les Hurons, chez les Topinambous?
C'est à Paris. C'est donc dans l'hôpital des fous?
　　Non, c'est au Louvre, en pleine académie !

XX.

Sur le même sujet.

J'AI traité de Topinambous
　　Tous ces beaux censeurs, je l'avoue,
Qui, de l'antiquité si follement jaloux,
Aiment tout ce qu'on hait, blâment tout ce qu'on loue.
　　Et l'Académie, entre nous,
　　Souffrant chez soi de si grands fous,
　　Me semble un peu Topinamboue.

XXI.

Sur le même sujet.

Ne blâmez pas Perrault de condamner Homère,
　　Virgile, Aristote, Platon.
　　Il a pour lui monsieur son frère,
G... N... Lavau, Caligula, Néron,
　　Et le gros Charpentier, dit-on.

XXII.

A M. Perrault, sur les livres qu'il a faits contre les anciens.

POUR quelque vain discours sottement avancé
Contre Homère, Platon, Cicéron ou Virgile,

Caligula par-tout fut traité d'insensé,
Néron de furieux, Adrien d'imbécille.
  Vous donc qui, dans la même erreur,
Avec plus d'ignorance et non moins de fureur,
Attaquez ces héros de la Grèce et de Rome,
  Perrault, fussiez-vous empereur,
  Comment voulez-vous qu'on vous nomme?

XXIII.

Sur le même sujet.

D'où vient que Cicéron, Platon, Virgile, Homère,
Et tous ces grands auteurs que l'univers révère,
Traduits dans vos écrits, nous paraissent si sots?
Perrault, c'est qu'en prêtant à ces esprits sublimes
Vos façons de parler, vos bassesses, vos rimes,
  Vous les faites tous des Perraults.

XXIV.

Au même.

Ton oncle, dis-tu, l'assassin
  M'a guéri d'une maladie :
La preuve qu'il ne fut jamais mon médecin,
  C'est que je suis encore en vie.

XXV.

Au même.

Le bruit court que Bacchus, Junon, Jupiter, Mars,
  Apollon, le dieu des beaux-arts,
Les ris même, les jeux, les Graces et leur mère,
  Et tous les dieux enfans d'Homère.

Résolus de venger leur père,
Jettent déjà sur vous de dangereux regards.
Perrault, craignez enfin quelque triste aventure,
Comment soutiendrez-vous un choc si violent?
    Il est vrai, Visé * vous assure
    Que vous avez pour vous Mercure;
    Mais c'est le Mercure galant.

XXVI.

*Parodie burlesque de la première ode ** de Pindare, à la louange de M. Perrault.*

MALGRÉ son fatras obscur,
Souvent Brébeuf étincelle.
Un vers noble, quoique dur,
Peut s'offrir dans la Pucelle.
Mais, ô ma lyre fidelle !
Si du parfait ennuyeux
Tu veux trouver le modèle,
Ne cherche point dans les cieux
D'astre au soleil préférable,
Ni dans la foule innombrable
De tant d'écrivains divers
Chez Coignard rongés des vers,
Un poëte comparable
A l'auteur inimitable ***
De Peau-d'âne mis en vers.

---

* Auteur du Mercure galant.

** J'avais résolu de parodier l'ode; mais dans ce temps-là nous nous raccommodâmes, M. Perrault et moi. Ainsi il n'y eut que ce couplet de fait.

*** M. Perrault, dans ce temps-là, avait rimé le conte de Peau-d'âne.

XXVII.

Sur la réconciliation de l'auteur et de M. Perrault.

TOUT le trouble poétique
A Paris s'en va cesser ;
Perrault l'anti-pindarique
Et Despréaux l'homérique
Consentent de s'embrasser.
Quelque aigreur qui les anime,
Quand, malgré l'emportement,
Comme eux l'un l'autre on s'estime,
L'accord se fait aisément.
Mon embarras est comment
On pourra finir la guerre
De Pradon et du parterre.

XXVIII.

Aux RR. PP. Jésuites, auteurs du journal de Trévoux.

MES révérends Pères en Dieu,
Et mes confrères en satire,
Dans vos écrits, en plus d'un lieu,
Je vois qu'à mes dépens vous affectez de rire.
Mais ne craignez-vous point que pour rire de vous,
Relisant Juvénal, refeuilletant Horace,
Je ne ranime encor ma satirique audace ?
Grands Aristarques de Trévoux,

N'allez point de nouveau faire courir aux armes
Un athlète tout prêt à prendre son congé,
Qui, par vos traits malins au combat rengagé,
Peut encore aux rieurs faire verser des larmes.
    Apprenez un mot de Régnier,
    Notre célèbre devancier :
      « Corsaires attaquant corsaires
      » Ne font pas, dit-il, leurs affaires. »

XXIX.

Réplique à une épigramme faite au nom des mêmes
journalistes.

Non, pour montrer que Dieu veut être aimé de nous,
Je n'ai rien emprunté de Perse ni d'Horace,
Et je n'ai point suivi Juvénal à la trace.
Car, bien qu'en leurs écrits ces auteurs, mieux que vous,
Attaquent les erreurs dont nos ames sont ivres,
    La nécessité d'aimer Dieu
Ne s'y trouve jamais prêchée en aucun lieu,
    Mes Pères, non plus qu'en vos livres.

XXX.

Sur le livre des Flagellans, composé par mon
frère le docteur de Sorbonne.

AUX MÊMES.

    Non, le livre des Flagellans
N'a jamais condamné, lisez-le bien, mes Pères,
    Ces rigidités salutaires,
Que, pour ravir le ciel, saintement violens,

Exercent sur leurs corps tant de Chrétiens austères.
Il blâme seulement cet abus odieux
   D'étaler et d'offrir aux yeux
Ce que leur doit toujours cacher la bienséance;
Et combat vivement la fausse piété
Qui, sous couleur d'éteindre en nous la volupté,
Par l'austérité même et par la pénitence,
Sait allumer le feu de la lubricité.

POÉSIES DIVERSES.

STANCES A M. DE MOLIÈRE.

Sur sa comédie de l'École des Femmes, *que plusieurs gens frondaient.*

En vain mille jaloux esprits,
Molière, osent avec mépris
Censurer ton plus bel ouvrage :
Sa charmante naïveté
S'en va pour jamais d'âge en âge
Divertir la postérité.

Que tu ris agréablement !
Que tu badines savamment !
Celui qui sut vaincre Numance*,
Qui mit Carthage sous sa loi,
Jadis, sous le nom de Térence,
Sut-il mieux badiner que toi ?

Ta muse avec utilité
Dit plaisamment la vérité ;
Chacun profite à ton école :
Tout en est beau, tout en est bon ;
Et ta plus burlesque parole
Est souvent un docte sermon.

* Scipion.

M 2 *

Laisse gronder tes envieux :
Ils ont beau crier en tous lieux,
Qu'en vain tu charmes le vulgaire,
Que tes vers n'ont rien de plaisant,
Si tu savais un peu moins plaire,
Tu ne leur déplairais pas tant.

SONNET

Sur une de mes parentes qui mourut toute jeune
entre les mains d'un charlatan.

Nourri dès le berceau, près de la jeune Orante,
Et non moins par le cœur que par le sang lié,
A ses jeux innocens enfant associé,
Je goûtais les douceurs d'une amitié charmante ;

Quand un faux Esculape, à cervelle ignorante,
A la fin d'un long mal vainement pallié,
Rompant de ses beaux jours le fil trop délié,
Pour jamais me ravit mon aimable parente.

Oh ! qu'un si rude coup me fit verser de pleurs !
Bientôt, la plume en main, signalant mes douleurs,
Je demandai raison d'un acte si perfide.

Oui, j'en fis dès quinze ans ma plainte à l'univers ;
Et l'ardeur de venger ce barbare homicide
Fut le premier démon qui m'inspira des vers.

Autre sonnet sur le même sujet.

Parmi les doux transports d'une amitié fidèle,
Je voyais près d'Iris couler mes heureux jours :
Iris que j'aime encore, et que j'aimai toujours,
Brûlait des mêmes feux dont je brûlais pour elle :

Quand, par l'ordre du ciel, une fièvre cruelle,
M'enleva cet objet de mes tendres amours ;
Et, de tous mes plaisirs interrompant le cours,
Me laissa de regrets une suite éternelle.

Ah ! qu'un si rude coup étonna mes esprits !
Que je versai de pleurs ! que je poussai de cris !
De combien de douleurs ma douleur fut suivie !

Iris, tu fus alors moins à plaindre que moi :
Et, bien qu'un triste sort t'ait fait perdre la vie,
Hélas ! en te perdant jai perdu plus que toi.

FABLE D'ÉSOPE.

Le Bûcheron et la Mort.

Le dos chargé de bois, et le corps tout en eau,
Un pauvre bûcheron, dans l'extrême vieillesse,
Marchait en haletant de peine et de détresse.
Enfin, las de souffrir, jetant là son fardeau,
Plutôt que de s'en voir accablé de nouveau,
Il souhaite la Mort, et cent fois il l'appelle.
La mort vint à la fin : Que veux-tu ? cria-t-elle.
Qui ? moi ! dit-il alors prompt à se corriger :
        Que tu m'aides à me charger.

Le Débiteur reconnaissant.

Je l'assistai dans l'indigence,
Il ne me rendit jamais rien.
Mais, quoiqu'il me dût tout son bien,
Sans peine il souffrait ma présence.
Oh ! la rare reconnaissance !

Énigme.

Du repos des humains implacable ennemie*,
J'ai rendu mille amans envieux de mon sort.
Je me repais de sang, et je trouve ma vie
Dans les bras de celui qui recherche ma mort.

Vers pour mettre au-devant de la Macarise, roman allégorique de l'abbé d'Aubignac, où l'on expliquait toute la morale des Stoïciens.

LACHES partisans d'Epicure,
Qui, brûlant d'une flamme impure,
Du portique ** fameux fuyez l'austérité,
Souffrez qu'enfin la raison vous éclaire.
Ce roman plein de vérité,
Dans la vertu la plus sévère
Vous peut faire aujourd'hui trouver la volupté.

Sur un portrait de Rossinante, cheval de Don Quichotte.

TEL fut ce roi des bons chevaux,
Rossinante, la fleur des coursiers d'Ibérie,
Qui, trottant jour et nuit et par monts et par vaux,
Galopa, dit l'histoire, une fois en sa vie.

Vers à mettre en chant.

VOICI les lieux charmans où mon ame ravie
Passait à contempler Sylvie

---

* Une puce.
** L'école de Zénon.

Ces tranquilles momens si doucement perdus.
Que je l'aimais alors ! que je la trouvais belle !
Mon cœur, vous soupirez au nom de l'infidelle :
Avez-vous oublié que vous ne l'aimez plus ?
C'est ici que souvent, errant dans les prairies,
     Ma main des fleurs les plus chéries
Lui faisait des présens si tendrement reçus.
Que je l'aimais alors ! que je la trouvais belle !
Mon cœur, vous soupirez au nom de l'infidelle :
Avez-vous oublié que vous ne l'aimez plus ?

*Chanson à boire, que je fis au sortir de mon cours.
    de philosophie, à l'âge de dix-sept ans.*

PHILOSOPHES rêveurs, qui pensez tout savoir,
Ennemis de Bacchus, rentrez dans le devoir ;
    Vos esprits s'en font trop accroire.
  Allez, vieux fous, allez apprendre à boire.
    On est savant quand on boit bien,
    Qui ne sait boire ne sait rien.

S'il faut rire ou chanter au milieu d'un festin,
Un docteur est alors au bout de son latin :
    Un goinfre en a toute la gloire.
  Allez, vieux fous, allez apprendre à boire.
    On est savant quand on boit bien :
    Qui ne sait boire ne sait rien.

*Chanson à boire, faite à Bâville, où était le
        P. Bourdaloue.*

    QUE Bâville me semble aimable,
    Quand des magistrats le plus grand

Permet que Bacchus à sa table
Soit notre premier président!

Trois muses en habit de ville
Y président à ses côtés,
Et ses arrêts par Abouville *
Sont à plein verre exécutés.

Si Bourdaloue un peu sévère
Nous dit, craignez la volupté ;
Escobar, lui dit-on, mon père,
Nous la permet pour la santé.

Contre ce docteur authentique
Si du jeûne il prend l'intérêt,
Bacchus le déclare hérétique,
Et janséniste, qui pis est.

Sur Homère.

QUAND, la dernière fois, dans le sacré vallon,
La troupe des neuf sœurs, par l'ordre d'Apollon,
    Lut l'Iliade et l'Odyssée,
Chacune à les louer se montrant empressée :
Apprenez un secret qu'ignore l'univers,
    Leur dit alors le dieu des vers :
Jadis avec Homère, aux rives du Permesse,
Dans ces bois de lauriers où seul il me suivait,
Je les fis toutes deux, plein d'une douce ivresse.
    Je chantais, Homère écrivait.

---

* Gentilhomme, parent de M. le premier président.

Vers pour mettre sous le buste du roi, fait par M. Girardon, l'année que les Allemands ont pris Bellegrade.

C'est ce roi si fameux dans la paix, dans la guerre,
Qui seul fait à son gré le destin de la terre.
Tout reconnaît ses lois ou brigue son appui.
De ses nombreux combats le Rhin frémit encore ;
Et l'Europe en cent lieux a vu fuir devant lui
Tous ces héros si fiers que l'on voit aujourd'hui
Faire fuir l'Ottoman au-delà du Bosphore.

Vers pour mettre au bas d'un portrait de monseigneur le duc du Maine, alors encore enfant, et dont on avait imprimé un petit volume de lettres, au-devant desquelles ce prince était peint en Apollon, avec une couronne sur la tête.

Quel est cet Apollon nouveau
Qui, presque au sortir du berceau,
Vient régner sur notre Parnasse?
Qu'il est brillant! qu'il a de grâce!
Du plus grand des héros je reconnais le fils :
Il est déjà tout plein de l'esprit de son père ;
Et le feu des yeux de sa mère
A passé jusqu'en ses écrits.

Vers pour mettre au bas du portrait de mademoiselle de Lamoignon.

Aux sublimes vertus nourrie en sa famille,
Cette admirable et sainte fille

En tous lieux signala son humble piété ;
Jusqu'aux climats où naît et finit la clarté *,
Fit ressentir l'effet de ses soins secourables ;
Et, jour et nuit pour Dieu pleine d'activité,
Consuma son repos, ses biens et sa santé,
A soulager les maux de tous les misérables.

A madame la présidente de Lamoignon, sur le portrait du P. Bourdaloue, qu'elle m'avait envoyé.

Du plus grand orateur dont la chaire se vante
M'envoyer le portrait, illustre présidente,
C'est me faire un présent qui vaut mille présens.
J'ai connu Bourdaloue ; et, dès mes jeunes ans,
Je fis de ses sermons mes plus chères délices ;
Mais lui, de son côté, lisant mes vains caprices,
Des censeurs de Trévoux n'eut point pour moi les yeux.
Ma franchise sur-tout gagna sa bienveillance.
Enfin, après Arnauld, ce fut l'illustre, en France,
Que j'admirai le plus et qui m'aima le mieux.

Vers pour mettre au bas du portrait de Tavernier, le célèbre voyageur.

De Paris à Dolli **, du couchant à l'aurore,
Ce fameux voyageur courut plus d'une fois ;
De l'Inde et de l'Hydaspe *** il fréquenta les rois,
Et sur les bords du Gange on le révère encore.

---

* Mademoiselle de Lamoignon, sœur de M. le premier président, faisait tenir de l'argent à beaucoup de missionnaires jusques dans les Indes orientales et occidentales.

** Ville et royaume des Indes.

*** Fleuve du même pays.

En tous lieux sa vertu fut son plus sûr appui ;
Et, bien qu'en nos climats de retour aujourd'hui,
　　En foule à nos yeux il présente
Les plus rares trésors que le soleil enfante *,
Il n'a rien apporté de si rare que lui.

Vers pour mettre au bas du portrait de mon père, greffier de la grand'chambre du parlement de Paris.

　　Ce greffier doux et pacifique,
　　De ses enfans au sang critique
　　N'eut point le talent redouté :
　　Mais, fameux par sa probité,
　　Reste de l'or du siècle antique,
　　Sa conduite dans le palais
　　Par-tout par exemple citée,
　　Mieux que leur plume si vantée
　　Fit la satire des Rolets.

　　　　Épitaphe de la mère de l'auteur.

　　　　　　(C'est elle qui parle.)

Epouse d'un mari doux, simple, officieux,
Par la même douceur je sus plaire à ses yeux
Nous ne sûmes jamais ni railler ni médire.
Passant, ne t'enquiers point si de cette bonté
　　　Tous mes enfans ont hérité ;
Lis seulement ces vers, et garde-toi d'écrire.

---

* Il était revenu des Indes avec près de trois millions eu pierreries.

2. 　　　　　　　　　　　　　　13

Sur un frère aîné que j'avais, et avec qui j'étais brouillé.

De mon frère, il est vrai, les écrits sont vantés ;
    Il a cent belles qualités :
Mais il n'a point pour moi d'affection sincère.
    En lui je trouve un excellent auteur,
Un poète agréable, un très-bon orateur ;
    Mais je n'y trouve point de frère.

Vers pour mettre sous le portrait de M. de La Bruyère, au - devant de son livre des Carac-tères du temps.

(C'est lui qui parle.)

Tout esprit orgueilleux qui s'aime,
Par mes leçons se voit guéri,
Et dans mon livre si chéri
Apprend à se haïr soi-même.

Épitaphe de M. Arnauld.

Au pied de cet autel de structure grossière,
Gît sans pompe, enfermé dans une vile bière,
Le plus savant mortel qui jamais ait écrit,
Arnauld, qui, sur la grâce instruit par Jésus-Christ,
Combattant pour l'Eglise, a, dans l'Eglise même,
Souffert plus d'un outrage et plus d'un anathème.
Plein du feu qu'en son cœur souffla l'esprit divin,
Il terrassa Pélage, il foudroya Calvin ;

De tous les faux docteurs confondit la morale.
Mais, pour fruit de son zèle, on l'a vu rebuté,
En cent lieux opprimé par leur noire cabale,
Errant, pauvre, banni, proscrit, persécuté ;
Et même par sa mort leur fureur mal éteinte
N'aurait jamais laissé ses cendres en repos ,
Si Dieu lui-même ici de son ouaille sainte
A ces loups dévorans n'avait caché les os.

Vers pour mettre au bas du portrait de M. Hamon, médecin.

Tout brillant de savoir, d'esprit et d'éloquence,
Il courut au désert chercher l'obscurité ;
Aux pauvres consacra ses biens et sa science ;
Et, trente ans, dans le jeûne et dans l'austérité,
Fit son unique volupté
Des travaux de la pénitence.

Vers pour mettre au bas du portrait de M. Racine.

Du théâtre français l'honneur et la merveille,
Il sut ressusciter Sophocle en ses écrits,
Et, dans l'art d'enchanter les cœurs et les esprits,
Surpasser Euripide et balancer Corneille.

SUR MON PORTRAIT.

M. Le Verrier, mon illustre ami, ayant fait graver mon portrait par Drevet, célèbre graveur, fit mettre au bas de ce portrait quatre vers où l'on me fait ainsi parler :

Au joug de la raison asservissant la rime,
Et, même en imitant, toujours original,

J'ai su dans mes écrits, docte, enjoué, sublime,
Rassembler en moi Perse, Horace et Juvénal.

A quoi j'ai répondu par ces vers :

Oui, Le Verrier, c'est là mon fidèle portrait ;
   Et le graveur, en chaque trait,
A su très-finement tracer sur mon visage
De tout faux bel esprit l'ennemi redouté.
Mais dans les vers pompeux qu'au bas de cet ouvrage]
Tu me fais prononcer avec tant de fierté,
      D'un ami de la vérité
      Qui peut reconnaître l'image ?

Pour un autre portrait du même.

      Ne cherchez point comment s'appelle
      L'écrivain peint dans ce tableau :
A l'air dont il regarde et montre la Pucelle,
      Qui ne reconnaîtrait Boileau !

*Vers pour mettre au bas d'une méchante gravure
      qu'on a faite de moi.*

Du célèbre Boileau tu vois ici l'image.
Quoi ! c'est là, diras-tu, ce critique achevé !
D'où vient le noir chagrin qu'on lit sur visage ?
      C'est de se voir si mal gravé.

*Sur le buste de marbre qu'a fait de moi
      M. Girardon, premier sculpteur du Roi.*

      Grace au Phidias de notre âge,
Me voilà sûr de vivre autant que l'univers :
Et, ne connût-on plus ni mon nom ni mes vers,
Dans ce marbre fameux taillé sur mon visage,
De Girardon toujours on vantera l'ouvrage.

AVERTISSEMENT
AU LECTEUR.

MADAME de Montespan et madame de Thianges sa sœur, lasses des opéras de M. Quinault, proposèrent au roi d'en faire faire un par M. Racine, qui s'engagea assez légèrement à leur donner cette satisfaction, ne songeant pas dans ce moment-là à une chose dont il était plusieurs fois convenu avec moi, qu'on ne peut jamais faire un bon opéra, parce que la musique ne saurat narrer ; que les passions n'y peuvent être peintes dans toute l'étendue qu'elles demandent ; que d'ailleurs elle ne saurait souvent mettre en chant les expressions vraiment sublimes et courageuses. C'est ce que je lui représentai quand il me déclara son engagement, et il m'avoua que j'avais raison ; mais il était trop avancé pour reculer. Il commença dès lors en effet un opéra, dont le sujet était la chute de Phaéton. Il en fit même quelques vers qu'il récita au roi, qui en parut content. Mais comme M. Racine n'entreprenait cet ouvrage qu'à regret, il me témoigna résolument qu'il ne l'acheverait point que je n'y travaillasse avec lui, et me déclara avant tout qu'il fallait que j'en composasse le prologue. J'eus beau lui représenter mon peu de talent pour ces sortes d'ouvrages, et que je n'avais jamais fait de vers d'amourette, il persista dans sa résolution, et me dit qu'il me le ferait ordonner par le roi. Je songeai donc en moi-même à voir de quoi je serais capable, en cas que je fusse absolument obligé de travailler à un ouvrage si opposé à mon génie et à mon inclination. Ainsi, pour m'essayer, je traçai, sans rien dire à personne, non pas même à M. Racine, le canevas d'un prologue, et j'en composai

13*

une première scène. Le sujet de cette scène était une dispute de la Poésie et de la Musique, qui se querellaient sur l'excellence de leur art, et étaient enfin toutes prêtes à se séparer, lorsque tout-à-coup la déesse des accords, je veux dire l'Harmonie, descendait du ciel avec tous ses charmes et tous ses agrémens, et les réconciliait. Elle devait dire ensuite la raison qui la faisait venir sur la terre, qui n'était autre que de divertir le prince de l'univers le plus digne d'être servi, et à qui elle devait le plus, puisque c'était lui qui la maintenait dans la France, où elle régnait en toutes choses. Elle ajoutait ensuite que pour empêcher que quelque audacieux ne vînt troubler, en s'élevant contre un si grand prince, la gloire dont elle jouissait avec lui, elle voulait que dès aujourd'hui même, sans perdre de temps, on représentât sur la scène la chute de l'ambitieux Phaéton. Aussitôt tous les poètes et tous les musiciens, par son ordre, se retiraient et s'allaient habiller. Voilà le sujet de mon prologue, auquel je travaillai trois ou quatre jours avec un assez grand dégoût, tandis que M. Racine, de son côté, avec non moins de dégoût, continuait à disposer le plan de son opéra, sur lequel je lui prodiguais mes conseils. Nous étions occupés à ce misérable travail, dont je ne sais si nous nous serions bien tirés, lorsque tout-à-coup un heureux incident nous tira d'affaire. L'incident fut que M. Quinault, s'étant présenté au roi les larmes aux yeux, et lui ayant remontré l'affront qu'il allait recevoir, s'il ne travaillait plus au divertissement de Sa Majesté; le Roi, touché de compassion, déclara franchement aux dames dont jai parlé qu'il ne pouvait se résoudre à lui donner ce déplaisir. Sic nos servavit Apollo. Nous retournâmes donc, M. Racine et moi, à notre premier emploi, et il ne fut plus mention de notre opéra, dont il ne resta que quelques vers de M. Racine, qu'on n'a point trouvés dans ses papiers après sa mort, et que vraisemblablement il avait supprimés par délicatessse de conscience, à cause qu'il y était parlé d'amour. Pour moi, comme il n'était point question d'amourette dans la scène que j'avais composée, non-seulement je n'ai pas jugé à propos de la supprimer, mais je la donne ici au public, persuadé qu'elle fera plaisir aux lecteurs qui ne seront peut-être pas fâchés de voir de quelle manière je m'y étais pris pour adoucir l'amertume et la force de ma poésie satirique, et pour me jeter dans le style doucereux. C'est de quoi ils pourront juger par le fragment que je leur présente ici, et que je leur présente avec d'autant plus de confiance, qu'étant fort court, s'il ne les divertit, il ne leur laissera pas du moins le temps de s'ennuyer.

~~~~~~~~~~~~~~~~~~~~~~~~~~~~~~~~~~~~~~

PROLOGUE.

LA POÉSIE, LA MUSIQUE.

LA POÉSIE.

Quoi ! par de vains accords et des sons impuissants,
Vous croyez exprimer tout ce que je sais dire ?

LA MUSIQUE.

Aux doux transports qu'Apollon vous inspire
Je crois pouvoir mêler la douceur de mes chants.

LA POÉSIE.

Oui, vous pouvez au bord d'une fontaine
Avec moi soupirer une amoureuse peine,
Faire gémir Thyrsis, faire plaindre Climène ;
Mais quand je fais parler les héros et les dieux,
Vos chants audacieux
Ne me sauraient prêter qu'une cadence vaine ;
Quittez ce soin ambitieux.

LA MUSIQUE.

Je sais l'art d'embellir vos plus rares merveilles.

LA POÉSIE.

On ne veut plus alors entendre votre voix.

LA MUSIQUE.

Pour entendre mes sons, les rochers et les bois
Ont jadis trouvé des oreilles.

LA POÉSIE.

Ah ! c'en est trop, ma sœur, il faut nous séparer.
Je vais me retirer :
Nous allons voir sans moi ce que vous saurez faire.

LA MUSIQUE.

Je saurai divertir et plaire ;
Et mes chants moins forcés n'en seront que plus doux.

LA POÉSIE.

Hé bien, ma sœur, séparons-nous.

LA MUSIQUE.

Séparons-nous.

LA POÉSIE.

Séparons-nous.

CHOEUR DE POÈTES ET DE MUSICIENS.

Séparons-nous, séparons-nous.

LA POÉSIE.

Mais quelle puissance inconnue
Malgré moi m'arrête en ces lieux

LA MUSIQUE.

Quelle divinité sort du sein de la nue ?

LA POÉSIE.

Quels chants mélodieux
Font retentir ici leur douceur infinie ?

LA MUSIQUE.

Ah ! c'est la divine Harmonie
Qui descend des cieux !

LA POÉSIE.

Qu'elle étale à nos yeux
De grâces naturelles !

LA MUSIQUE.

Quel bonheur imprévu la fait ici revoir !

LA POÉSIE ET LA MUSIQUE.

Oublions nos querelles,
Il faut nous accorder pour la bien recevoir.

CHOEUR DE POÈTES ET DE MUSICIENS:

Oublions nos querelles,
Il faut nous accorder pour la bien recevoir.

POÉSIES LATINES.

EPIGRAMMA

In novum Causidicum, rustici Lictoris filium.

Dum puer iste fero natus lictore perorat,
  Et clamat medio, stante parente, foro,
Quæris quid sileat circumfusa undique turba !
  Non stupet ob natum, sed timet illa patrem.

Alterum in Marullum, versibus Phaleucis anteà
malè laudatum.

Nostri quid placeant minùs Phaleuci,
Jamdudum tacitus, Marulle, quæro,
Cùm nec sint stolidi, nec inficeti,
Nec pingui nimiùm fluant Minervà.
Tuas sed celebrant, Marulle, laudes :
O versus stolidos et inficetos !

SATIRA.

Quid numeris iterum me balbutire latinis
Longè Alpes citra natum de patre Sicambro,
Musa, jubes ! Istuc puero mihi profuit olim,
Verba mihi sævo nuper dictata magistro
Cùm pedibus certis conclusa referre docebas.
Utile tunc Smetium manibus sordescere nostris ;

Et mihi sæpè udo volvendus pollice textor
Præbuit adsutis contexere carmina pannis.
Sic Maro, sic Flaccus, sic nostro sæpè Tibullus
Carmine disjecti ; vano pueriliter ore
Bullatas nugas sese stupuere loquentes.....

,,,,,,,,,,,,

CHAPELAIN DÉCOIFFÉ,

ou

PARODIE

DE QUELQUES SCÈNES DU CID,

sur

CHAPELAIN, CASSAIGNE ET LA SERRE.

SCÈNE PREMIÈRE.

LA SERRE, CHAPELAIN.

LA SERRE.

Enfin vous l'emportez, et la faveur du roi
Vous accable de dons qui n'étaient dus qu'à moi.
On voit rouler chez vous tout l'or de la Castille.

CHAPELAIN.

Les trois fois mille francs qu'il met dans ma famille
Témoignent mon mérite et font connaître assez
Qu'on ne hait pas mes vers, pour être un peu forcés.

LA SERRE.

Pour grands que soient les rois, ils sont ce que nous sommes;
Ils se trompent en vers comme les autres hommes,
Et ce choix sert de preuve à tous les courtisans,
Qu'à de méchans auteurs ils font de beaux présens.

CHAPELAIN.

Ne parlons point du choix dont votre esprit s'irrite :
La cabale l'a fait plutôt que le mérite.
Vous choisissant peut-être on eût pu mieux choisir;
Mais le roi m'a trouvé plus propre à son désir.
A l'honneur qu'il m'a fait ajoutez-en un autre :
Unissons désormais ma cabale à la vôtre.
J'ai mes prôneurs aussi, quoiqu'un peu moins fréquens
Depuis que mes sonnets ont détrompé les gens.
Si vous me célébrez, je dirai que La Serre
Volume sur volume incessamment desserre;
Je parlerai de vous avec monsieur Colbert,
Et vous éprouverez si mon amitié sert :
Ma nièce même en vous peut rencontrer un gendre.

LA SERRE.

A de plus hauts partis Phlipote peut prétendre,
Et le nouvel éclat de cette pension
Lui doit bien mettre au cœur une autre ambition,
Exerce nos rimeurs, et vante notre prince;
Va te faire admirer chez les gens de province;
Fais marcher en tous lieux les rimeurs sous ta loi,
Sois des flatteurs l'amour et des railleurs l'effroi :
Joins à ces qualités celle d'une âme vaine,
Montre-leur comme il faut endurcir une veine,

Au métier de Phébus bander tous les ressorts,
Endosser nuit et jour un rouge justaucorps ;
Pour avoir de l'encens donner une bataille,
Ne laisser de sa bourse échapper une maille ;
Sur-tout sers-leur d'exemple, et ressouviens-toi bien
De leur former un style aussi dur que le tien.

CHAPELAIN.

Pour s'instruire d'exemple, en dépit de Linière,
Ils liront seulement ma Jeanne toute entière :
Là, dans un long tissu d'amples narrations
Ils verront comme il faut berner les nations,
Duper d'un grave ton gens de robe et d'armée,
Et sur l'erreur des sots bâtir sa renommée.

LA SERRE.

L'exemple de La Serre a bien plus de pouvoir.
Un auteur dans un livre apprend mal son devoir :
Et qu'a fait après tout ce grand nombre de pages,
Que ne puisse égaler un de mes cent ouvrages ?
Si tu fus grand flatteur, je le suis aujourd'hui,
Et ce bras de la presse est le plus ferme appui.
Bilaine et de Serci sans moi seraient des drilles ;
Mon nom seul au palais nourrit trente familles ;
Les marchands fermeraient leurs boutiques sans moi,
Et s'ils ne m'avaient plus, ils n'auraient plus d'emploi.
Chaque heure, chaque instant fait sortir de ma plume
Cahiers dessus cahiers, volume sur volume.
Mon valet, écrivant ce que j'aurais dicté,
Ferait un livre entier, marchant à mon côté.
Et loin de ces durs vers qu'à mon style on préfère,
Il deviendrait auteur en me regardant faire.

CHAPELAIN.

Tu me parles en vain de ce que je connoi ;
Je t'ai vu rimailler et traduire sous moi :
Si j'ai traduit Gusman, si j'ai fait sa préface,
Ton galimathias a bien rempli ma place.
Enfin pour m'épargner ces discours superflus,
Si je suis grand flatteur, tu l'es et tu le fus ;
Tu vois bien cependant qu'en cette concurrence
Un monarque entre nous met de la différence.

LA SERRE.

Ce que je méritais tu me l'as emporté.

CHAPELAIN.

Qui l'a gagné sur toi l'avait mieux mérité.

LA SERRE.

Qui sait mieux composer en est bien le plus digne.

CHAPELAIN.

En être refusé n'en est pas un bon signe.

LA SERRE.

Tu l'as gagné par brigue, étant vieux courtisan.

CHAPELAIN.

L'éclat de mes grands vers fut mon seul partisan.

LA SERRE.

Parlons-en mieux : le roi fait honneur à ton âge.

CHAPELAIN.

Le roi, quand il en fait, le mesure à l'ouvrage.

LA SERRE.

Et par-là je devais emporter ces ducats.

CHAPELAIN.

Qui ne les obtient point ne les mérite pas.

LA SERRE.

Ne les mérite pas, moi?

CHAPELAIN.

Toi!

LA SERRE.

Ton insolence,
Téméraire vieillard, aura sa récompense.
(*Il lui arrache sa perruque.*)

CHAPELAIN.

Achève, et prends ma tête après un tel affront,
Le premier dont ma muse a vu rougir son front.

LA SERRE.

Et que penses-tu faire avec tant de faiblesse?

CHAPELAIN.

O Dieu! mon Apollon en ce besoin me laisse.

LA SERRE.

Ta perruque est à moi; mais tu serais trop vain
Si ce sale trophée avait souillé ma main.
Adieu, fais lire au peuple, en dépit de Linière,
De tes fameux travaux l'histoire toute entière,

D'un insolent discours ce juste châtiment
Ne lui servira pas d'un petit ornement.

CHAPELAIN.

Rends-moi donc ma perruque.

LA SERRE.

                Elle est trop malhonnête.
De tes lauriers sacrés va te couvrir la tête.

CHAPELAIN.

Rend la calotte au moins.

LA SERRE.

              Va, va, tes cheveux d'ours
Ne pourraient sur ta tête encor durer trois jours

SCÈNE II.

CHAPELAIN.

O RAGE ! ô désespoir ! ô perruque ma mie !
N'as-tu donc tant vécu que pour cette infâmie ?
N'as-tu trompé l'espoir de tant de perruquiers,
Que pour voir en un jour flétrir tant de lauriers?
Nouvelle pension fatale à ma calotte !
Précipice élevé qui te jette en la crotte !
Cruel ressouvenir de tes honneurs passés !
Services de vingt ans en un jour effacés !
Faut-il de ton vieux poil voir triompher La Serre,
Et te mettre crottée, ou te laisser à terre

La Serre, sois d'un roi maintenant régalé ;
Ce haut rang n'admet pas un poète pelé ;
Et ton jaloux orgueil, par cet affront insigne,
Malgré le choix du roi, m'en a su rendre indigne.
Et toi, de mes travaux glorieux instrument,
Mais d'un esprit de glace inutile ornement,
Plume jadis vantée, et qui dans cette offense
M'as servi de parade et non pas de défense,
Va, quitte désormais le dernier des humains,
Passe pour me venger en de meilleures mains.
Si Cassaigne a du cœur, et s'il est mon ouvrage,
Voici l'occasion de montrer son courage :
Son esprit est le mien, et le mortel affront
Qui tombe sur mon chef rejaillit sur son front.

SCÈNE III.

CHAPELAIN, CASSAIGNE.

CHAPELAIN.

Cassaigne, as-tu du cœur ?

CASSAIGNE.

       Tout autre que mon maître
L'éprouverait sur l'heure.

CHAPELAIN.

       Ah ! c'est comme il faut être.
Digne ressentiment à ma douleur bien doux !
Je reconnais ma verve à ce noble courroux.

Ma jeunesse revit en cette ardeur si prompte.
Mon disciple, mon fils, viens réparer ma honte,
Viens me venger.

CASSAIGNE.

De quoi?

CHAPELAIN.

D'un affront si cruel,
Qu'à l'honneur de tous deux il porte un coup mortel.
D'une insulte... le traître eût payé la perruque
Un quart d'écu du moins sans mon âge caduque.
Ma plume, que mes doigts ne peuvent soutenir,
Je la remets aux tiens pour écrire et punir.
Va contre un insolent faire un bon gros ouvrage;
C'est dedans l'encre seul qu'on lave un tel outrage,
Rime, ou crève. Au surplus, pour ne point te flatter,
Je te donne à combattre un homme à redouter;
Je l'ai vu fort poudreux, au milieu des libraires,
Se faire un beau rempart de deux mille exemplaires.

CASSAIGNE.

Son nom? c'est perdre temps en discours superflus.

CHAPELAIN.

Donc, pour te dire encor quelque chose de plus,
Plus enflé que Boyer, plus bruyant qu'un tonnerre,
C'est.....

CASSAIGNE.

De grace, achevez.

CHAPELAIN.

Le terrible La Serre.

CASSAIGNE.

Le.....

CHAPELAIN.

Ne réplique point, je connais ton fatras :
Combats sur ma parole, et tu l'emporteras.
Donnant pour des cheveux ma pucelle en échange,
J'en vais chercher: barbouille, écris, rime et nous venge.

_____

SCÈNE IV.

CASSAIGNE.

PERCÉ jusques au fond du cœur
D'une insulte imprévue aussi-bien que mortelle,
Misérable vengeur d'une sotte querelle,
D'un avare écrivain chétif imitateur,
Je demeure stérile, et ma veine abattue
     Inutilement sue.
  Si près de voir couronner mon ardeur,
      O la peine cruelle !
  En cet affront La Serre est le tondeur,
  Et le tondu, père de la Pucelle.

  Que je sens de rudes combats !
Comme ma pension, mon honneur me tourmente !
Il faut faire un poëme ou bien perdre une rente.
L'un échauffe mon cœur, l'autre retient mon bras :
Réduit au triste choix ou de trahir mon maître
      Ou d'aller à Bicêtre,

Des deux côtés mon mal est infini,
　　　O la peine cruelle !
Faut-il laisser un *La Serre* impuni ?
Faut-il venger l'auteur de la *Pucelle* ?

　　　Auteur, perruque, honneur, argent,
Impitoyable loi, cruelle tyrannie,
Je vois gloire perdue, et pension finie.
D'un côté je suis lâche, et de l'autre indigent.
Cher et chétif espoir d'une veine flatteuse,
　　　Et tout ensemble gueuse ;
Noir instrument, unique gagne-pain,
　　　Et ma seule ressource,
M'es-tu donné pour venger Chapelain ?
M'es-tu donné pour me couper la bourse ?

　　　Il vaut mieux courir chez Conrard,
Il peut me conserver ma gloire et ma finance,
Mettant ces deux rivaux en bonne intelligence.
On sait comme en traités excelle ce vieillard ;
S'il n'en vient pas à bout, que Sapho la Pucelle
　　　Vide notre querelle.
Si pas un d'eux ne veut me secourir,
　　　Et si l'on me balotte,
Cherchons La Serre, et, sans tant discourir,
Traitons du moins, et payons la calotte.

　　　Traiter sans tirer ma raison !
Rechercher un marché si funeste à ma gloire !
Souffrir que Chapelain impute à ma mémoire
D'avoir mal soutenu l'honneur de sa toison !
Respecter un vieux poil, dont mon ame égarée
　　　Voit la perte assurée !

N'écoutons plus ce dessein négligent,
   Qui passerait pour crime.
Allons, ma main, du moins sauvons l'argent,
Puisqu'aussi bien il faut perdre l'estime.

   Oui, mon esprit s'était déçu.
Autant que mon honneur, mon intérêt me presse.
Que je meure en rimant, ou meure de détresse,
J'aurai mon style dur comme je l'ai reçu.
Je m'accuse déjà de trop de négligence.
   Courons à la vengeance.
Et tout honteux d'avoir trop de froideur,
   Rimons à tire d'aile,
Puisqu'aujourd'hui La Serre est le tondeur,
Et le tondu, père de la Pucelle.

SCÈNE V.

CASSAIGNE, LA SERRE.

CASSAIGNE.

A moi, La Serre, un mot.

LA SERRE.

Parle.

CASSAIGNE.

Ote-moi d'un doute.
Connais-tu Chapelain ?

LA SERRE.

Oui.

CASSAIGNE.

Parlons bas, écoute.

Sais-tu que ce vieillard fut la même vertu ,
Et l'effroi des lecteurs de son temps ? le sais-tu ?

LA SERRE.

Peut-être.

CASSAIGNE.

La froideur qu'en mon syle je porte.
Sais-tu que je la tiens de lui seul ?

LA SERRE.

Que m'importe ?

CASSAIGNE.

A quatre vers d'ici je te le fais savoir.

LA SERRE.

Jeune présomptueux !

CASSAIGNE.

Parle sans t'émouvoir,
Je suis jeune , il est vrai ; mais aux ames bien nées
La rime n'attend pas le nombre des années.

LA SERRE.

Mais t'attaquer à moi , qui t'a rendu si vain ,
Toi qu'on ne vit jamais une plume à la main ?

CASSAIGNE.

Mes pareils avec toi sont dignes de combattre,
Et pour des coups d'essai veulent des Henri-Quatre.

LA SERRE.

Sais-tu bien qui je suis ?

CASSAIGNE.

Oui , tout autre que moi ;

En comptant tes écrits pourrait trembler d'effroi.
Mille et mille papiers dont ta table est couverte
Semblent porter écrit le destin de ma perte.
J'attaque en téméraire un gigantesque auteur ;
Mais j'aurai trop de force ayant assez de cœur.
Je veux venger mon maître , et ta plume indomptable
Pour ne se point lasser n'est point infatigable.

LA SERRE.

Ce Phébus qui paraît aux discours que tu tiens,
Souvent par tes écrits se découvrit aux miens,
Et te voyant encor tout frais sorti de classe,
Je disais : Chapelain lui laissera sa place.
Je sais ta pension , et suis ravi de voir
Que ces bons mouvemens excitent ton devoir :
Qu'ils te font sans raison mettre rime sur rime,
Étayer d'un pédant l'agonisante estime ,
Et que, voulant pour singe un écolier parfait,
Il ne se trompait point au choix qu'il avait fait.
Mais je sens que pour toi ma pitié s'intéresse ,
J'admire ton audace et je plains ta jeunesse :
Ne cherche point à faire un coup d'essai fatal ,
Dispense un vieux routier d'un combat inégal :
Trop peu de gain pour moi suivrait cette victoire.
A moins d'un gros volume on compose sans gloire,
Et j'aurais le regret de voir que tout Paris
Te croirait accablé du poids de mes écrits.

CASSAIGNE.

D'une indigne pitié ton orgueil s'accompagne ;
Qui pèle Chapelain, craint de tondre Cassaigne.

2.   15

LA SERRE.

Retire-toi d'ici.

CASSAIGNE.

Hâtons-nous de rimer.

LA SERRE.

Es-tu si près d'écrire?

CASSAIGNE.

Es-tu las d'imprimer?

LA SERRE.

Viens, tu fais ton devoir. L'écolier est un traître,
Qui souffre sans cheveux la tête de son maître.

MÉTAMORPHOSE

DE LA PERRUQUE DE CHAPELAIN

EN COMÈTE.

La plaisanterie que l'on va voir est une suite de la parodie précédente. Elle fut imaginée par les mêmes auteurs, à l'occasion de la comète qui parut à la fin de l'année 1664. Ils étaient à table chez M. Hessein, frère de l'illustre madame de La Sablière.

On feignait que Chapelain, ayant été décoiffé par La Serre, avait laissé sa perruque à calotte dans le ruisseau où La Serre l'avait jetée.

Dans un ruisseau bourbeux la calotte enfoncée,
Parmi de vieux chiffons allait être entassée,
Quand Phébus l'aperçut, et du plus haut des airs
Jetant sur les railleurs un regard de travers,
Quoi, dit-il, je verrai cette antique calotte,
D'un sale chiffonnier remplir l'indigne hotte?

Ici devait être la description de cette fameuse
perruque.

Qui de tous ses travaux la compagne fidelle,
A vu naître Gusman et mourir la Pucelle;
Et qui, de front en front passant à ses neveux,
Devait avoir plus d'ans qu'elle n'eut de cheveux.

Enfin Apollon changeait cette perruque en comète.
« Je veux, *disait ce Dieu*, que tous ceux qui naîtront
» sous ce nouvel astre soient poètes.

» Et qu'ils fassent des vers même en dépit de moi. »

Furetière, l'un des auteurs de la pièce, remarqua
pourtant que cette métamorphose manquait de justesse
en un point. « C'est, dit-il, que les comètes ont des
» cheveux, et que la perruque de Chapelain est si
» usée qu'elle n'en a plus. » Cette badinerie n'a jamais
été achevée.

Chapelain souffrit, dit-on, avec beaucoup de pa-
tience, les satires que l'on fit contre sa perruque.
On lui a attribué l'épigramme suivante, qui n'est pas
de lui.

> Railleurs, en vain vous m'insultez,
> Et la pièce vous emportez ;
> En vain vous découvrez ma nuque,
> J'aime mieux la condition
> D'être défroqué de perruque,
> Que défroqué de pension.

LETTRE

AU COMTE BUSSI-RABUTIN.

Paris, 25 mai 1673.

MONSIEUR,

J'AVOUE que j'ai été inquiet du bruit qui a couru que vous aviez écrit une lettre par laquelle vous me déchiriez, moi et l'épître que j'ai écrite au Roi sur la campagne de Hollande; * car, outre le juste chagrin que j'avais de me voir maltraité par l'homme du monde que j'estime et que j'admire le plus, j'avais de la peine à digérer le plaisir que cela allait faire à mes ennemis. Je n'en ai pourtant jamais été bien persuadé. Eh! le moyen de croire que l'homme de la cour qui a le plus d'esprit, pût entrer dans les intérêts de l'abbé Cotin, et se résoudre à avoir raison, même avec lui? La lettre que vous avez écrite à ** M. le comte de

---

* L'Epître IV.

** Bussi-Rabutin avait écrit non-seulement au comte de Limoges, mais aussi au jésuite Rapin : il les priait de voir Despréaux et de l'adoucir.

Limoges, a achevé de me désabuser, et je vois bien que tout ce bruit n'a été qu'un artifice très-ridicule de mes très-ridicules ennemis. Mais quelque mauvais dessein qu'ils aient eu contre moi, je leur en ai de l'obligation, puisque c'est ce qui m'a attiré les paroles obligeantes que vous avez écrites sur mon sujet. Je vous supplie de croire que je sens cet honneur comme je dois, et que je suis, etc. *

---

* On trouve parmi les lettres de Bussi-Rabutin une réponse à celle de Boileau. Cette réponse est datée du 30 mai 1673.

LETTRE DE RACINE ET DE BOILEAU

AU MARÉCHAL DUC DE LUXEMBOURG.

Félicitation sur la victoire de Fleurus.

Paris, 8 juillet 1690.

Au milieu des louanges et des complimens que vous recevez de tous côtés pour le service que vous venez de rendre à la France, trouvez bon, Monseigneur, qu'on vous remercie aussi du grand bien que vous avez fait à l'histoire et du soin que vous prenez de l'enrichir. Personne jusqu'ici n'y a travaillé avec plus de succès que vous, et la bataille que vous venez de gagner fera sans doute un de ses plus magnifiques ornemens. Jamais il n'y en eut de si propre à être racontée, et tout s'y rencontre à-la-fois, la grandeur de la querelle, l'animosité des deux partis, l'audace et la multitude des combattans, une résistance de plus de six heures, un carnage horrible, et enfin une déroute entière des ennemis. Jugez donc quel agrément c'est pour des historiens d'avoir de telles choses à écrire, sur-tout quand ces historiens peuvent espérer d'en apprendre de votre bouche même le détail; c'est de quoi nous osons nous flatter. Mais laissant là l'histoire à part, sérieusement, Monseigneur, il n'y a point de gens qui soient si véritablement

touchés que nous de l'heureuse victoire que vous avez
remportée ; car sans compter l'intérêt général que nous
y prenons avec tout le royaume, figurez-vous quelle
est notre joie d'entendre publier par-tout que nos af-
faires sont rétablies, toutes les mesures des ennemis
rompues ; la France, pour ainsi dire, sauvée ; et de
songer que le héros qui a fait tous ces miracles est le
même homme d'un commerce si agréable ; qui nous ho-
nore de son amitié, et qui nous donna à dîner le jour
que le roi lui donna le commandement de ses armées.
Nous sommes avec un profond respect, etc.

FIN DU SECOND ET DERNIER VOLUME.

TABLE

DU SECOND VOLUME.

www.ingramcontent.com/pod-product-compliance
Lightning Source LLC
Chambersburg PA
CBHW072045080426
42733CB00010B/1994